PALHETADA**SWEEP**
ESTRATÉGIASᴇVELOCIDADE

Técnicas Essenciais de Guitarra, Arpejos e Licks para o
Domínio Total do Braço da Guitarra

CHRIS**BROOKS**

FUNDAMENTAL**CHANGES**

Palhetada Sweep – Estratégias e Velocidade

Técnicas Essenciais de Guitarra, Arpejos e Licks para o Domínio Total do Braço da Guitarra

Publicado por **www.fundamental-changes.com**

ISBN: 978-1-78933-135-6

www.fundamental-changes.com

Twitter: **@guitar_joseph**

Mais de 10.000 curtidas no Facebook: **FundamentalChangesInGuitar**

Facebook: **ChrisBrooksGuitar**

Instagram: **Fundamental Changes**

Instagram: **chrisbrooksguitarist**

Para mais de 350 aulas gratuitas de guitarra com vídeos, acesse

www.fundamental-changes.com

Contents

Introdução

Embora existam alguns livros que fazem um trabalho decente ao ensinar a palhetada sweep na guitarra, nos meus 25 anos de ensino encontrei centenas de estudantes que compreendem o conceito mas ainda não conseguem obter o som que desejam.

Embora o conceito de passar a palheta através de *arpejos* ou *acordes quebrados* com movimentos únicos de descida ou subida pareça suficientemente simples, isso é apenas uma peça do quebra-cabeça. Chegou a hora de um método que desenvolva uma abordagem abrangente para criar linhas de arpejos eficientes que incorporem toda a biomecânica necessária e as nuances do controle da palheta.

Como professor, perguntam-me constantemente o seguinte:

Como faço para que a sonoridade fique boa?

Como posso controlar o ruído?

Por que uma direção é mais fácil do que a outra?

O que devo fazer quando há mais de uma nota em uma corda?

Como é que mudo de direção?

Como posso ir além das tríades?

Por que a minha sonoridade não é tão boa quanto a de Jason Becker, Frank Gambale ou Vinnie Moore?

Perguntas como essas justificam uma abordagem mais abrangente do que um livro de exercícios e, por isso, em vez de ir diretamente aos *licks*, este livro irá fazê-lo pensar sobre a quantidade de fatores que afetam os seus resultados e como fazer com que todos eles funcionem. Dos rudimentos à cobertura do braço da guitarra, este livro descreve um sistema que você pode usar para se tornar proficiente na palhetada sweep.

Além de apresentar os princípios essenciais da técnica de sweep e as ferramentas para desenvolvê-la, este método apresenta opções, explica os resultados das escolhas que você faz ao longo do caminho e o encoraja a sistematizar seus pontos fortes em uma abordagem personalizada.

Para tirar o máximo proveito deste livro, invista algum tempo de leitura com e sem a sua guitarra na mão. Você vai descobrir que sem a tentação de plugar a guitarra e ir direto para os licks, você vai absorver mais informações. Quando for hora de praticar, seja diligente em repetir corretamente os exemplos antes que a velocidade seja aplicada. Quando os melhores métodos se tornarem hábitos, desafie a si mesmo, explorando os limites da sua habilidade, avaliando os resultados e atendendo a quaisquer problemas que surjam.

A maioria dos capítulos conclui com prática ou metas a alcançar antes de seguir em frente. Cada guitarrista tem seus métodos de prática, mas estes resumos irão dizer o que esperar em cada um dos estágios de aprendizagem, e como abordar as suas sessões de treino para obter os melhores resultados.

Há muita informação disponível – tanto que a escrita do meu segundo livro sobre este tema já está em curso. Seja paciente consigo mesmo enquanto desenvolve as habilidades abordadas neste volume, porque este material estabelece a base para o que vem a seguir.

Obrigado por, mais uma vez, confiar em mim para ser seu guia e desfrutar do processo de construção de estratégias de velocidade para arpejos.

Chris Brooks

Obtenha o áudio

Os arquivos de áudio deste livro estão disponíveis para download gratuito no site **www.fundamental-changes.com**. O link está no canto superior direito da página. Basta selecionar o título deste livro no menu e seguir as instruções para obter o áudio.

Recomendamos que você baixe os arquivos diretamente no seu computador, não no seu tablet, e extraia-os no computador antes de adicioná-los à sua biblioteca de mídia. Você pode então colocá-los no seu tablet, iPod ou gravá-los em um CD. Na página de download há um PDF de ajuda e nós também oferecemos suporte técnico pelo formulário de contato.

Para mais de 350 aulas gratuitas de guitarra com vídeos, acesse:

www.fundamental-changes.com

Twitter: **@guitar_joseph**

Mais de 10.000 curtidas no Facebook: **FundamentalChangesInGuitar**

Instagram: **FundamentalChanges**

Capítulo Um: Rudimentos de Fluxo

Independentemente do seu estilo musical ou experiência, existem elementos que todos os guitarristas podem incorporar na palhetada sweep para aumentar a eficiência, o fluxo, o tom e o tempo. Como os leitores do meu livro anterior *Guitarra Neoclássica: Estratégias e Velocidade* irão notar, existem semelhanças entre a biomecânica desse sistema e a necessária para uma boa palhetada sweep.

Eu segmento o desenvolvimento da palhetada sweep em seis rudimentos:

1. Deslocamento da borda da palheta

2. Palhetadas de descanso

3. Inclinações direcionais da palheta

4. Mecânicas de virada
5. Timing da mão que digita as cordas

6. Controle das cordas

Você pode já ter algumas dessas habilidades, mas vamos progredir através de cada uma na ordem sugerida.

Deslocamento da borda da palheta

A criação de um sweep fluido começa a partir do momento em que a palheta se aproxima da corda. Angular a palheta horizontalmente (ou deslocamento da borda da palheta) permite que a borda externa ou interna da palheta conduza o contato com a corda, evitando o atrito que pode ser criado pelo uso de sua face totalmente plana (*no eixo*).

Os deslocamentos da borda da palheta são posições *fora do eixo* criadas pelo posicionamento do pulso e pela aderência da palheta. Embora não exista uma forma certa ou errada de angular a palheta fora do eixo em relação à corda, algumas abordagens são mais comuns do que outras.

Se a sua pegada da palheta usar a digital do polegar e o lado do dedo indicador, *o deslocamento da borda exterior* (Figura 1a) pode parecer o deslocamento mais natural para você. Isso significa que a borda da palheta que está virada para longe da mão é a que toca as cordas primeiro nos movimentos descendentes.

Guitarristas que usam bem a palhetada sweep com essa pegada e deslocamento incluem Vinnie Moore, Paul Gilbert, Michael Romeo, Yngwie Malmsteen, Jason Becker e Frank Gambale. Entre esses guitarristas, você pode ver vários graus de flexão nas articulações do polegar e do dedo indicador. Faça seu dever de casa sobre seus guitarristas favoritos. Examine-os e use essas abordagens!

Se a sua palheta for mantida com mais da digital do dedo indicador do que a descrição anterior, o *desvio da borda interior* (Figura 1b) é o mais provável de ocorrer, com a borda interior da palheta entrando em contato primeiro em um curso descendente. Você também pode ver alguma flexão côncava do polegar.

Guitarristas destros podem também considerar a orientação da borda externa e interna da palheta como sendo *no sentido horário* e *anti-horário*, respectivamente, com o oposto sendo verdadeiro para os guitarristas canhotos.

Alguns guitarristas fazem uma *mistura* incomum, com *correspondência* de abordagens (Marty Friedman e John Norum, por exemplo), então não se sinta pressionado a se encaixar em uma categoria ou outra. O ponto importante é examinar a quantidade de fricção que a sua palheta cria contra a corda e incorporar um grau de deslocamento da borda da palheta para minimizá-la.

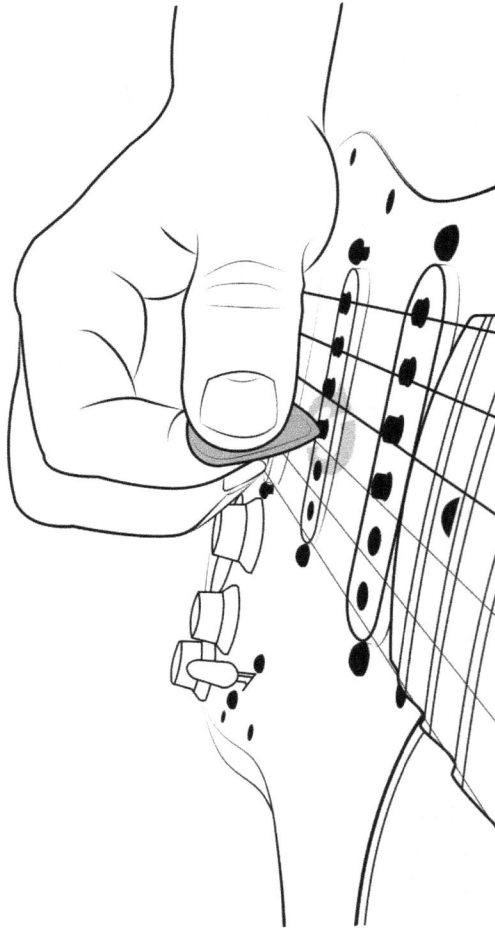 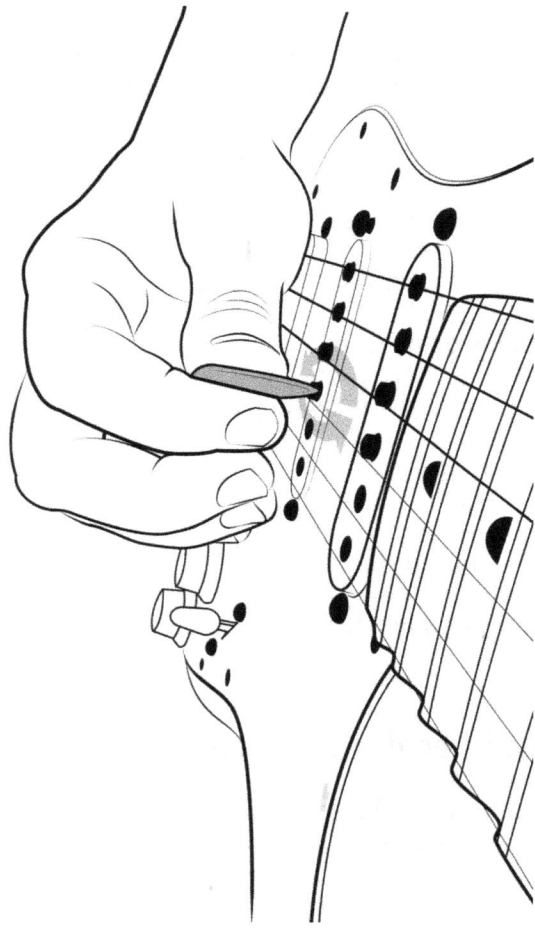

Palhetadas de Descanso

Como você sabe, a palhetada sweep é a técnica de tocar várias notas com a mesma palhetada. No entanto, incorporar a *palhetada de descanso* é a diferença entre um sweep real e uma série de palhetadas livres e sucessivas.

A palhetada de descanso ou *Apoyando* foi popularizada como uma técnica fingerstyle no século XIX, usada para o trabalho de escala e melodia. Ao aplicar o Apoyando, o guitarrista puxa para cima com os dedos ou para baixo com o polegar para que cada movimento acerte e descanse simultaneamente na corda adjacente. Você já deve ter reparado que os baixistas fazem o mesmo até hoje. O caminho de palhetada em ângulo criado por essa técnica é, sem dúvida, o precursor da atual tendência moderna de inclinação da palheta.

Ao usar uma palheta, a palhetada de descanso envolve seguir cada palhetada até a próxima corda, soando a nota seguinte ao deixar uma nova corda em vez de quando chegar a ela.

Durante um sweep para baixo, palhetadas ascendentes entre as notas são, portanto, eliminadas, pois uma única palhetada para baixo desce para cada nova corda. Em um sweep para cima o inverso ocorre. Combinando com inclinações direcionais da palheta e deslocamento da borda da palheta, palhetadas de descanso permitem um sweep consistente em dinâmica, com suavidade e economia.

Inclinações Direcionais de Palheta

Na técnica de palhetada de descanso Apoyando, as linhas inclinadas do movimento da palhetada são formadas pelas pontas dos dedos ou pelo polegar (Figura 1c) à medida que se deslocam da corda original para a *corda de descanso*. Em ambos os casos, os caminhos de palhetada são angulados na direção do corpo da guitarra em vez de paralelos a ele. Esses caminhos são chamados de *inclinações de palheta*, com o ângulo do polegar criando uma *inclinação de palheta para baixo* e o ângulo dos outros dedos criando uma *inclinação de palheta para cima*.

Figura 1c: o polegar toca a corda E grave e empurra a corda A; o dedo indicador toca a corda B e empurra a corda G.

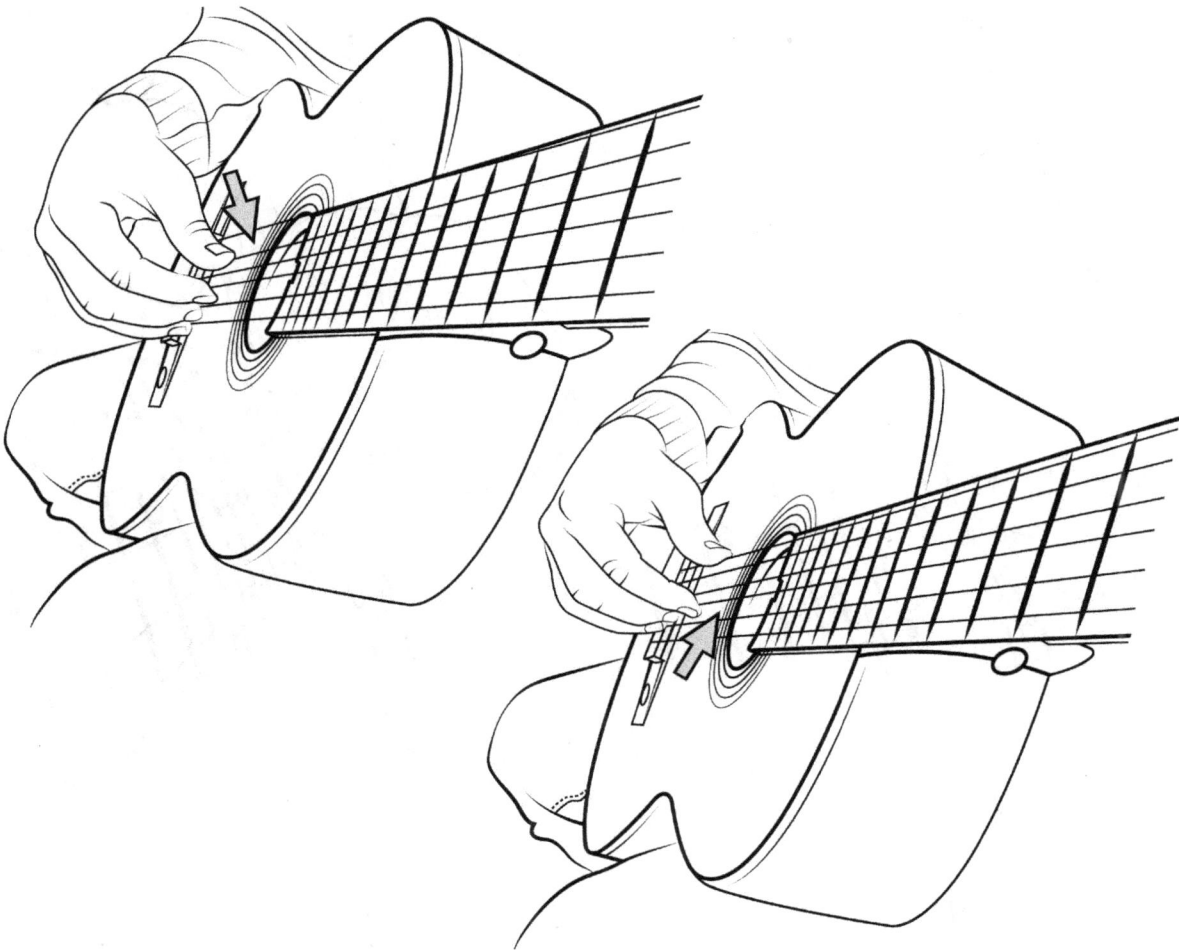

Com uma palheta de guitarra, uma inclinação de palheta é facilmente estabelecida usando a rotação dos músculos do antebraço, resultando na mão da palheta girando para fora ou para dentro (Figura 1d).

Uma inclinação para baixo é o resultado da rotação para fora (supinação) a partir da posição perpendicular ou neutra.

Uma inclinação para cima é o resultado da rotação para dentro (pronação) a partir da posição neutra. Ambas as inclinações empurram na direção do corpo da guitarra a caminho da corda de descanso.

Guitarra Neoclássica: Estratégias e Velocidade abrange a inclinação da palheta e a orientação da palhetada em detalhes, mas para fins de palhetada sweep de arpejos, o conceito de inclinação pode ser condensado em duas aplicações:

– O sweep para baixo (ou descendente) é feito com uma inclinação de palheta para baixo.

– O sweep para cima (ou ascendente) é feito com uma inclinação de palheta para cima.

As inclinações funcionam com palhetadas de descanso para criar um contato suave com novas cordas e tornar possíveis as mudanças direcionais sem que a palheta fique presa no lado errado de uma corda.

Figura 1d: inclinações descendentes e ascendentes de palheta

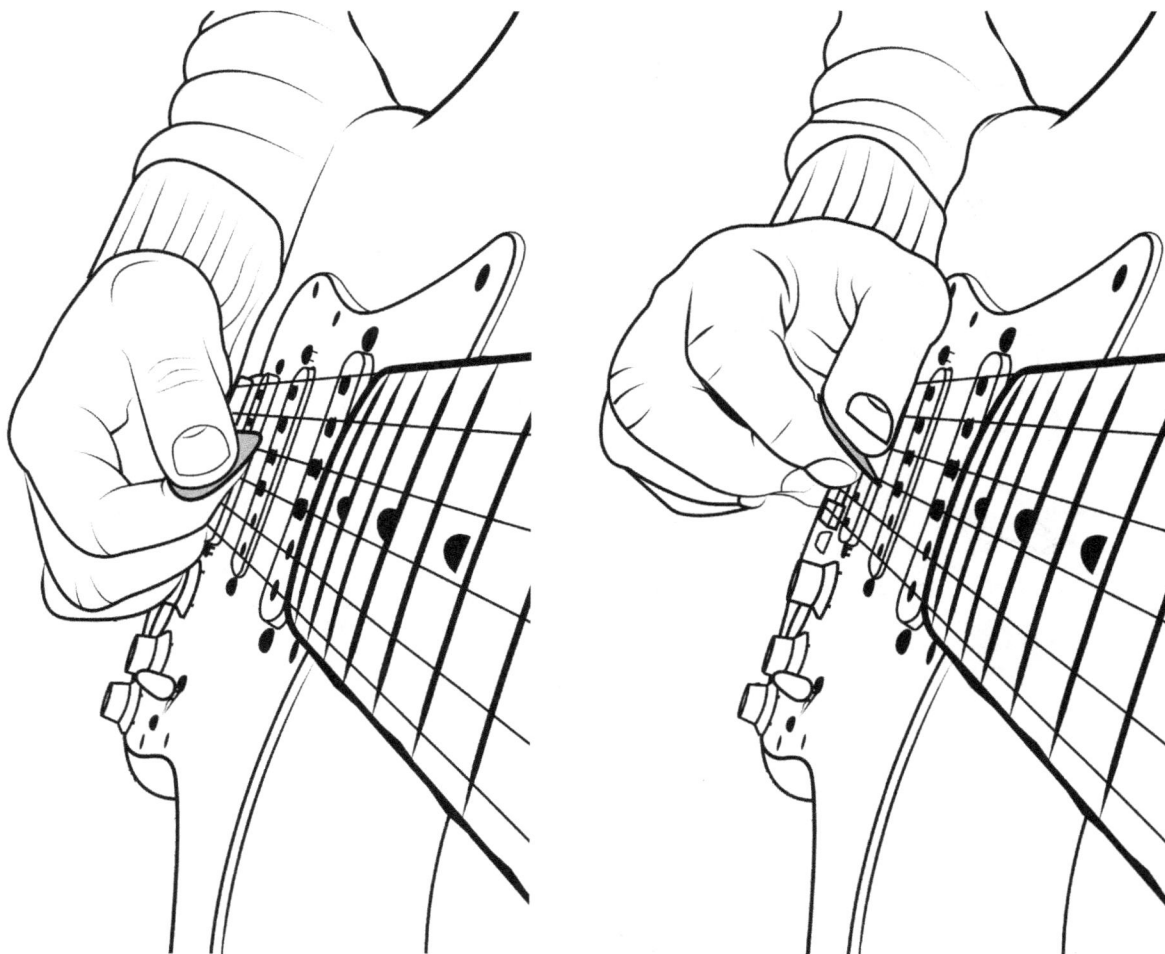

Entendendo os indicadores de inclinação de palheta neste livro

Inventei dois marcadores para mostrar direções de inclinação de palheta para exemplos neste livro:

\ **p.s.** para inclinação descendente

/ **p.s.** para inclinação ascendente

Quando você conseguir associar a direção de sweep com a inclinação de palheta aplicável, você não precisará mais dos indicadores.

É importante ter em mente que as localizações dos indicadores de inclinação das palhetas são aproximadas. A reorientação da palheta ocorre suavemente pouco antes do ponto em que é indicada na notação. Evite movimentos robóticos.

Ao atingir velocidades moderadas e altas com o Exemplo 1a, você provavelmente antecipará cada nova inclinação de palheta ao deixar a nota anterior, para que a inclinação de palhetada para cima, totalmente formada nas batidas 2 e 4, possa ser iniciada saindo das últimas colcheias das batidas 1 e 3. Você pode desenvolver seu próprio estilo para isso, desde que você evite que a palheta fique presa entre as cordas ao mudar a direção da palheta.

Exemplo 1a:

Para desenvolver sua inclinação da palheta e técnica de palhetada de descanso, comece com o Exemplo 1b, que usa cordas abafadas na mão que digita as cordas para permitir o foco completo na mão da palheta. Certifique-se de que não existam palhetadas livres entre as cordas, o que significa que cada palhetada deve chegar em uma nova corda no momento em que deixa a corda anterior (excluindo a corda final em qualquer direção). Os descansos com duração de uma colcheia permitem tempo para mudar a inclinação da palheta em antecipação ao próximo sweep.

Exemplo 1b:

Mecânicas de virada

Mecânicas de virada são as estratégias que entram em vigor quando uma ideia muda de direção, repete, pula cordas ou qualquer outro fator que interrompe o fluxo direcional de uma palhetada sweep regular.

As mais comuns são a virada por fora e a virada por dentro, que se referem à palhetada em torno das cordas em questão (palhetada por fora) ou entre elas (palhetada por dentro). Apesar da noção de que a palhetada sweep é sempre baseada na escolha da distância mais curta entre dois pontos, existem situações em que os efeitos da orientação da palhetada produzem algumas opções lógicas que valem a pena serem consideradas.

Dois termos que criei para ajudá-lo a relacionar a mecânica de virada com as inclinações de palhetada são *Upscaping* e *Downscaping*. Ambos se referem a como "escapamos" das cordas quando mudamos de direção.

Upscaping significa escapar das cordas com uma palhetada ascendente numa inclinação descendente. Você usará isso muito no Capítulo Dois para repetir sweeps ascendentes.

Downscaping é o oposto: usar uma palhetada descendente em uma inclinação para cima para escapar das cordas. Você usará isso em sweeps descendentes e bidirecionais.

Timing da Mão que Digita as Cordas

Uma vez que os arpejos são usados para criar melodias neste livro, é essencial desenvolver notas limpas e separadas que não se sobreponham nem pareçam muito destacadas (staccato) quando se faz a palhetada sweep. A sincronização da mão que digita as cordas desempenha um papel importante nesse esforço.

Os dois elementos a considerar são a sincronização e a duração. É uma armadilha comum na palhetada sweep articular as notas no começo e no fim de um arpejo amplo, mas, ainda assim, executar várias notas mal articuladas no meio! Todos nós já fomos esse moleque na loja de música em um sábado!

A sincronização deve ser um objetivo chave, certificando-se de que cada palhetada tem uma nota digitada correspondente. Considerando que a técnica da palhetada de descanso prevê que a palheta descanse brevemente em cada corda nova assim que ela sai da corda anterior, o objetivo não é necessariamente ter uma nota digitada pronta na corda de descanso naquela precisa fração de segundo, mas no momento em que a palheta *deixar* a corda. Lembre-se que cada nota é articulada pela saída, não pela entrada de cada passo do sweep.

Se a sincronização for sobre *quando* chegar a uma nota, então a duração é sobre *quanto tempo* ficar. Notas que se sobrepõem terão um som de acorde (talvez desagradável) ao tocar com distorção. No espectro oposto, as notas mudadas apressadamente podem perder o seu efeito fluido e parecer desarticuladas. A menos que de outra forma pretendido como uma escolha musical, mire em arpejos que soam suaves e agradáveis ao ouvido.

Controle de Cordas

O último rudimento de uma boa palhetada sweep é o controle das cordas que é alcançado através de um trio de *abafamento com a* mão da palheta, *abafamento rolando a palma da mão* e *abafamento com a* mão que digita as notas. Dominar essa abordagem tripla ajudará a criar a articulação desejada para as notas que você tocar, evitando ruídos indesejados e as vibrações das outras cordas.

Existente na performance real, mas difícil de representar apenas em tablatura, o controle de cordas ocorre no Exemplo 1c em todas as cordas, mesmo para uma pequena tríade como esta. Nas cordas E e A graves (e quaisquer outras cordas graves se você tocar uma guitarra com cordas adicionais), o abafamento com a mão da palheta é usado para silenciar as cordas colocadas geograficamente acima da região de palhetada.

As cordas adjacentes tendem a provocar mais ruído ao fazer palhetada sweep em arpejos, por isso, ao digitar a nota C na décima casa da corda D, utilize a digital do seu segundo dedo para fazer contato e silenciar a corda G abaixo (Figura 1e). Não aplique pressão sobre a corda em forma de pestana, uma vez que não deseja fazer um *double-stop*.

Quando palhetar as notas das casas 9 e 12 na corda G, as digitais do indicador e do quarto dedo irão abafar a corda B (e a corda E aguda se necessário). Dependendo do tamanho do seu dedo indicador, a ponta do dedo também pode servir como um dispositivo de abafamento para a corda D neste ponto. Devido à natureza cíclica deste *lick*, você pode preferir deixar o seu dedo indicador no lugar durante as repetições.

Exemplo 1c:

Figura 1e: o segundo dedo digita a quarta corda enquanto abafa a terceira corda.

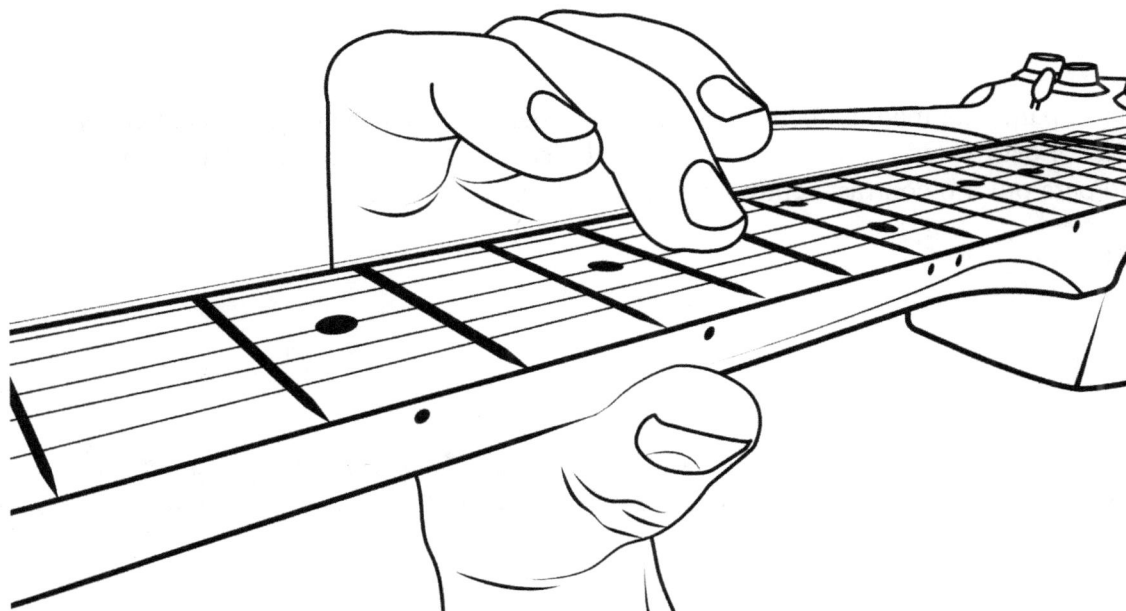

Abafamento rolando a palma da mão da palheta

Palhetada sweep através de muitas cordas requer uma grande cooperação entre os abafamentos da mão que segura a palheta e da mão que digita as notas. Expandindo o Exemplo 1c ao repetir a mesma forma de digitação e palhetada através de três oitavas, o Exemplo 1d requer que as mãos trabalhem em opostos ao efetuar abafamento.

Na oitava mais grave, não aplique abafamento com a mão da palheta. Em vez disso, use a parte inferior do seu dedo indicador que digita as notas para silenciar suavemente as cordas mais agudas (conhecido como abafamento *através do braço*). Na oitava média, um abafamento com a mão da palheta deve acontecer nas cordas A e E à medida que a palheta faz seu caminho para a corda D. Na oitava mais aguda, role a palma da mão para silenciar tudo menos as cordas B e E agudas.

Pratique este exemplo com e sem overdrive e escute qualquer ruído que precise ser resolvido.

Exemplo 1d:

O ato de rolar a palma da mão também pode ser usado para adicionar variação dinâmica. No Exemplo 1e, a tríade de G Maior é articulada com sons alternados, abafados e abertos, fazendo abafamento das cordas D e G. Ouça o áudio para ouvir o contraste entre a palhetada aberta e silenciada.

Exemplo 1e:

Como com qualquer coisa musical, o árbitro do sucesso é o seu ouvido. Conforme você constrói sua habilidade na palhetada sweep progressivamente através dos capítulos seguintes, mantenha um ouvido crítico sobre o som de seus arpejos e revise os fundamentos desta seção sempre que algo não soar limpo e articulado.

Capítulo Dois: Estratégia Ascendente

Neste capítulo, vamos nos concentrar no desenvolvimento e aplicação de quatro componentes:

- Técnica de palhetada sweep para baixo (arpejos ascendentes)

- Palhetada de descanso descendente

- Inclinação da palheta para baixo

- Mecânica de virada por fora e upscaping

Usando uma tríade de A Menor (1, b3, 5), os exercícios ascendentes progridem de sweeps de duas a seis cordas em uma forma em expansão que cobrirá mais de duas oitavas até o final do capítulo. Os alunos do *sistema CAGED* podem reconhecer este padrão como um híbrido dos desenhos de *D* e *C* do CAGED (abordado no Capítulo Oito).

Abaixo são mostrados dois diagramas: o primeiro demonstra as notas da tríade; o segundo indica os dedos a serem usados durante todo o processo. Antes do sweep, coloque os dedos das mãos sobre cada uma das notas, um de cada vez. Faça isso de quatro a seis vezes antes de engajar a mão da palheta no primeiro exemplo.

A Menor

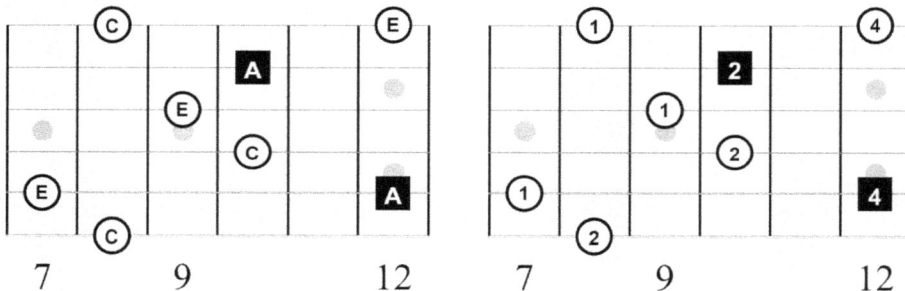

O Exemplo 2a começa com um sweep descendente da corda B para a corda E aguda usando uma inclinação descendente da palheta e uma palhetada de descanso. Depois de pressionar a nota C na corda E, uma nota E aguda na mesma corda é tocada com um movimento ascendente. Abafamento com a mão da palheta deve ser usado nas cordas de três a seis.

Ao manter uma inclinação de palheta do início ao fim, a palhetada para cima puxa a palheta para longe da guitarra, fazendo o upscaping de volta para a segunda corda sem qualquer necessidade de saltar ao redor dela.

Exemplo 2a:

Se a inclinação da palheta for ignorada, a palhetada ascendente da terceira nota prenderá a palheta entre as cordas, criando a necessidade de um movimento secundário para trazer a palheta de volta ao ponto inicial. O objetivo da inclinação da palheta é evitar esse problema.

Um guitarrista que usa palhetada econômica e que encontra uma tríade como a acima pode contornar a mecânica de virada por fora da corda E aguda de volta para a corda B, usando, em vez disso, uma mecânica de virada ascendente por dentro, para usar uma palheta ascendente nas repetições.

Esta mudança cria uma forma diferente de palhetada após o primeiro sweep descendente e é mostrada no Exemplo 2b. Este exemplo foi incluso para lhe dar um sentido mais amplo das opções de palhetada sweep. Isso é visto em detalhes quando olhamos para a abordagem descendente no Capítulo Quatro.

Exemplo 2b (examine, mas não pratique ainda):

A natureza de loop do Exemplo 2a significa que a frase pode ser deslocada melodicamente sem afetar a mecânica da palhetada, como demonstrado nos Exemplos 2c e 2d. Deslocamento significa que o mesmo grupo de notas pode ser movido para diferentes partes da batida sem afetar a forma ideal de palhetada.

O exemplo 2c começa a partir da segunda nota da tríade de A Menor, e o Exemplo 2d começa na terceira nota.

Para uma notação bem arrumada, você verá exemplos como este em 12/8 em vez de 4/4 com um fluxo constante de tercinas. Se você contar em voz alta quando tocar, você ainda pode vocalizar o ritmo com *um-e-ah, dois-e-ah*, etc, como faria em 4/4.

Exemplo 2c:

Começar o próximo exemplo com uma palhetada para cima pode parecer incomum, especialmente se você estiver acostumado com palhetada alternada. Porém, com a prática, os benefícios da consistência mecânica serão compensados, negando a necessidade de formas de palhetada separadas para cada variação do *lick*.

Exemplo 2d:

Expandir a mecânica de arpejo e sweep é apenas uma questão de adicionar uma corda extra. O Exemplo 2e tem a adição de uma nota E na casa 9 da corda G.

Exemplo 2e:

Deslocando o exemplo anterior para começar na nota mais alta da tríade com sua palhetada ascendente associada, você pode mais uma vez ficar um pouco desorientado até pegar o jeito dela. Comece o Exemplo 2f muito lentamente, evitando qualquer discrepância de tempo que possa surgir por ter uma nota extra na palhetáda para baixo à medida que a forma cresce.

Exemplo 2f:

Estender a forma para o padrão de sweep no Exemplo 2g não é muito comum devido ao deslocamento melódico e aos saltos estendidos de corda que ocorrem na repetição. O exemplo 2h repara isso com uma figura que fornece mais tempo para ir da corda E aguda de volta à corda D.

Exemplo 2g:

Exemplo 2h:

O Exemplo 2i consolida a mecânica que você adquiriu até agora e o desafio é manter um tempo estável apesar da distância dos saltos de cordas aumentar à medida que você trabalha em cada compasso. Lembre-se que qualquer *lick* só deve ser tocado tão rápido quanto a parte mais desafiadora, por isso evite apressar-se nas batidas 1 e 2 se isso fizer você tocar lentamente nas batidas 3 e 4.

As tríades de duas e três cordas começam nas batidas 1 e 2 respectivamente, mas a versão de quatro cordas começa na segunda tercina da batida 3.

Exemplo 2i:

Uma vez que o padrão de cinco cordas usa o quarto dedo para a nota A tônica na corda A e a nota E na corda E aguda, não é viável se lançar em repetições diretas com esta forma. Em vez disso, tente integrar alguns outros grupos de cordas, conforme descrito no Exemplo 2j, que usa padrões de duas e três cordas.

Com formas de maior tamanho, a palhetada sweep pode parecer como se estivesse tentando controlar uma bola que desce de uma colina. Evite errar o tempo enquanto você mistura sweeps neste exercício.

Exemplo 2j:

Musicalmente, a próxima nota lógica a adicionar à tríade de A Menor é uma nota E abaixo da tônica A. Enquanto a nota E pode ser obtida a partir da casa 12 da corda E grave, colocá-la na casa 7 da corda A remove qualquer ligado com mudança de corda com o quarto dedo que teria sido necessário.

A forma agora tem duas notas por corda em cada extremidade, nas cordas 5 e 1, com três opções para lidar com a corda A, como demonstrado em cada compasso do Exemplo 2k.

1. Palhete as duas notas na corda A *para baixo, para cima* e continue o sweep a partir da corda D.

2. Palhete a sétima casa da corda A com uma palhetada para baixo, faça um hammer-on até a casa 12 e continue o sweep

3. Palhete as duas notas na corda A *para cima, para baixo* com a palhetada sweep para baixo

Exemplo 2k:

Qual deles é o melhor? Por uma questão de versatilidade, teste os três e veja o que se encaixa naturalmente no seu estilo. Prefiro alternar entre as duas primeiras opções. A Opção Um tem uma dinâmica consistente, sendo toda palhetada, mas a Opção Dois é talvez a menos disruptiva para o fluxo das palhetadas e envolve o mesmo número de palhetadas que a subida de cinco cordas usada no Exemplo 2j. A palhetada de descanso acontece entre as duas primeiras palhetadas descendentes enquanto o *hammer-on* ocorre.

Você pode misturar e combinar abordagens de acordo com a situação. Por exemplo, palhete todas as notas quando estiver dentro de cinco cordas, ou use um hammer-on na forma de seis cordas que você verá em breve no Exemplo 2m.

O desenho de cinco cordas *"dois em cada fim"* funciona bem com os ritmos de tercinas como o do Exemplo 2l. Este exercício sobe através das cordas 5 a 1, depois volta para uma iteração de duas cordas no segundo compasso.

Exemplo 2l:

Outra vantagem do layout usado nos Exemplos 2k e 2l é a extensão amigável para os dedos agora disponível na corda E grave. Ao adicionar uma nota C na casa 8 usando o segundo dedo, o Exemplo 2m estende-se da corda E grave à corda E aguda com uma única palhetada descendente, usando o *hammer-on* e uma palhetada de repouso estendida na corda A para maximizar o potencial direcional da palheta.

Exemplo 2m:

Prática e as três fases da aprendizagem motora

Construímos agora um método para fazer com que tríades de duas cordas cresçam em sweeps de seis cordas, aplicando os fundamentos técnicos listados no início do capítulo.

Para solidificar os exemplos ensinados até agora, crie uma rotina de treino adequada à sua experiência com a guitarra. Se a palhetada sweep é uma novidade para você, invista mais tempo no desenvolvimento dos exemplos menores, antes de adicionar cordas.

Toque cada exemplo deste capítulo, em tempo livre, algumas vezes como uma visão geral antes de usar um metrônomo. Se você realmente precisa se concentrar na mão da palheta, abafe as cordas com a mão que digita as notas e tente o padrão de palhetada para cada exercício de forma percussiva no início, adicionando as notas após algumas tentativas.

Esta é a *fase cognitiva* da aprendizagem, onde os movimentos são lentos e recebem muito foco mental. Na fase cognitiva, é normal sentir que cada aspecto de uma nova habilidade é trabalhoso. Você está ativando caminhos neurais que se fortalecem através da repetição. Certifique-se de aplicar todos os rudimentos descritos no Capítulo Um.

Em um dia comum de prática, você pode optar por trabalhar em três ou quatro exercícios de sweep em uma sessão. Objetive pelo menos vinte boas repetições de um exercício antes de passar para o seguinte. Faça alguns conjuntos de vinte, se tiver interesse. Evite o metrônomo um pouco mais, já que você deve estar concentrado em executar os movimentos fluidos, eficientes e consistentes. Quando você conseguir fazer isso, você atingiu o *estágio associativo*.

Na fase associativa, as tarefas demoram menos tempo para serem completas, requerem um pensamento menos consciente e permitem a multitarefa de outros elementos da execução. Você vai notar que você tem mais liberdade para considerar o que você está tocando em vez de simplesmente como você está tocando. Por exemplo, você poderá focar menos em como pegar a palheta de uma corda para a outra, observando mais como melhorar o timbre e o tempo à medida que você avança. Tudo o que você aprendeu na guitarra até agora passou por este estágio, em seu caminho do processo cognitivo para a liberdade autônoma.

No estágio associativo, você não deve objetivar a velocidade máxima (ainda), mas você ganhará uma visão útil do seu progresso ao tentar uma explosão de repetições mais rápidas, para ver se a sua técnica está pronta para suportar alguma aceleração. Se não for, volte à *velocidade de desenvolvimento*, mas continue trabalhando nessas explosões de vez em quando.

À medida que os primeiros exercícios se tornam mais fáceis, mude o foco para novos exercícios, usando o material anterior como aquecimento. Por exemplo, se você passou vinte minutos trabalhando nos Exemplos 2a, 2c, 2d e 2e na segunda e terça-feira, passe cinco minutos revisando-os na quarta-feira antes de ter uma sessão focada baseada nos Exemplos 2f a 2i.

Quando você puder tocar cada um dos exemplos confortavelmente, retire o metrônomo e determine o seu *tempo limítrofe de habilidade* (TLH). Seu TLH é a velocidade máxima na qual você consegue tocar o *lick*. Em seguida, inclua o metrônomo para a metade do seu TLH e volte a trabalhar progressivamente até o máximo. Por exemplo, se a sua velocidade máxima para uma *lick* for 100bpm, baixe o metrônomo para 50bpm, depois trabalhe para cima em incrementos de 10bpm quando conseguir reproduzir com precisão cerca de dez repetições. No final da prática, toque em tempo livre até ao limite da sua capacidade e veja se o seu TLH aumentou em relação ao metrônomo.

Quando você puder tocar algo rápido de uma forma quase automática, este é o *estágio autônomo*. Os seus movimentos serão precisos e consistentes. As pessoas referem-se a isso por *memória muscular*, mas os músculos não têm consciência. Significa apenas que suas capacidades motoras atingiram um nível independente.

Não se desanime se você só conseguir tocar alguns exercícios de cada vez, ou se levar semanas em vez de dias para avançar. A prática é como o exercício físico: um programa consistente é aquele que provavelmente trará resultados. Confie e aproveite o processo!

É normal ter exercícios diferentes espalhados simultaneamente pelas categorias cognitiva, associativa e autônoma enquanto você melhora os exercícios antigos e aprende novos. No entanto, ficar melhor até mesmo em alguns *licks* com sweep pode avançar o progresso de outros exercícios que estão em cada fase da aprendizagem.

Para misturar as coisas para os seus ouvidos, aplique as ideias deste capítulo à forma da tríade maior (1, 3, 5) e pratique cada uma delas, seguindo os mesmos padrões de palhetada dos exemplos em A Menor. Isso permitirá que você comece a delinear progressões de acordes comuns envolvendo sonoridades maiores e menores. A tríade maior estendida tem essa aparência:

A Maior

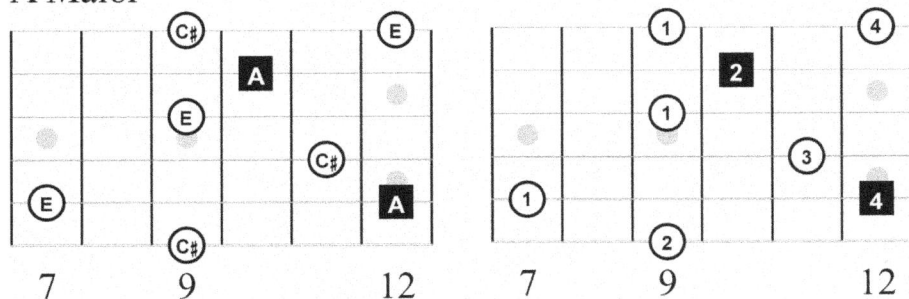

Na próxima seção, você será capaz de aplicar sweeps a uma série de estudos que são muito mais musicais do que tríades estáticas, desafiando a sua capacidade de mudar os acordes no tempo da música.

Capítulo Três: Estudos Ascendentes

Nesta seção, os padrões mecânicos do Capítulo Dois são aplicados a diferentes acordes e inversões para desafiar a mão que digita as notas e produzir sonoridades interessantes. A maioria deles tem um estilo um tanto *Neoclássico*, mas você pode aplicar mais tarde as mesmas formas de palhetada para qualquer progressão de acordes ou gênero de sua escolha.

Todos os desenhos utilizados são retirados, no todo ou em parte, do material de cobertura do braço da guitarra do capítulo 8. Por hora, aprenda as novas digitações à medida que elas ocorrem em cada estudo. Não há nada complicado para se preocupar com a digitação.

Nestes exemplos, o cérebro tem que trabalhar mais duro à medida que você se move para as posições e notas corretas dentro de cada tríade, então não negligencie os princípios fundamentais ao praticar os exercícios de um ritmo lento a um TLH rápido. Em cada exemplo, aplique suas próprias preferências de abafamento e dinâmicas de palhetada. Sinta-se livre para imitar minhas abordagens do áudio. Todos os exemplos neste capítulo usam uma inclinação da palheta para baixo.

Para começar, o Exemplo 3a utiliza a mecânica de duas cordas. O estudo contém tríades que começam na tônica ou na quinta do acorde – o último envolvendo ligados com troca de corda através de pares de cordas. Tenha cuidado para não tocar posições de acordes com pestana, com as notas claramente sobrepostas.

Os compassos de um a quatro usam a mecânica de duas cordas nas cordas D e G, mudando as oitavas e cordas para as cordas B e E agudas nos compassos de cinco a oito.

Exemplo 3a:

Avançando para três cordas no Exemplo 3b, um novo desenho é introduzido na batida 3 do primeiro compasso. Esta é uma inversão da tríade de A menor anterior e derivada do desenho de A do sistema CAGED. O segundo compasso introduz um desenho de tríade diminuta que é uma variação do desenho de C, mas com os graus b3 e b5.

Exemplo 3b:

O exemplo 3c usa um compasso 12/8 e reúne as tríades das tonalidades de C Maior e C Menor. É importante manter as palhetadas *para cima, para baixo* e *para cima* no segundo grupo de notas de cada compasso na mesma velocidade que a palhetada descendente que ocorre dentro das batidas de ambos os lados.

Exemplo 3c:

O Exemplo 3d começa e termina cada compasso da corda D, com sweeps de duas e três cordas.

Exemplo 3d:

Em cinco cordas, o Exemplo 3e usa tríades estendidas no desenho de C. É importante acertar o tempo dos *hammer-ons*.

Exemplo 3e:

O Exemplo 3f aplica a forma completa de seis cordas mapeada no final do Capítulo Dois através de uma progressão ascendente. Passando através dos acordes C Maior, Eb Maior, F Maior e F Menor, as três primeiras notas de cada compasso são executadas com palhetadas *para baixo, para baixo* e *para cima* com uma mudança de corda por fora de volta para a corda E grave. Como as mesmas três notas reaparecem, são utilizados os dois movimentos descendentes e o *hammer-on* aplicados anteriormente no Exemplo 2l.

Exemplo 3f:

Como Praticar o Capítulo Três

Uma vez que os requisitos da mão da palheta destes estudos correspondem a um exercício de desenvolvimento do Capítulo Dois, sugiro mudar o seu foco para as aplicações musicais e requisitos da mão que digita as notas apresentados neste capítulo. Se você está confiante o suficiente com o material do capítulo anterior, você pode optar por substituí-lo completamente com estes estudos. Se você sente que ainda não chegou lá, faça o exercício apropriado do Capítulo Dois como um aquecimento para seu estudo ligado no Capítulo Três.

Você poderia, por exemplo, aquecer sua mão da palheta com o Exemplo 2a, começando lento e aumentando para o TLH algumas vezes, depois executar o Exemplo 3a através dos três estágios de desenvolvimento discutidos na conclusão do Capítulo Dois.

Assim que qualquer exercício contribua pouco com o seu desenvolvimento, substitua-o por um que seja mais avançado para que o seu tempo de treino não seja consumido tocando coisas que você já pode fazer (a menos que seja por prazer, claro). À medida que o seu volume de material de prática aumenta, o seu tempo pode não aumentar. Se você só tem de trinta a sessenta minutos para praticar, faça-o com o material que seja desafiador para você.

Comece cada sessão de prática com um plano do que você gostaria de alcançar. É mais provável que isso produza uma sensação de realização, mesmo que você dê apenas alguns passos em um longo caminho.

Capítulo Quatro: Estratégia Descendente

Nesta seção, os desenhos do Capítulo Dois serão utilizados para construir a sua técnica de sweep descendente. Trabalhar no sentido oposto ao dos dois capítulos anteriores requer algumas mudanças cruciais no método. Os componentes modificados do sweep descendente são:

_ Técnica de palhetada sweep para cima (arpejos descendentes)

_ Palhetada de descanso para cima

_ Inclinação de palheta para cima com algumas exceções para baixo

_ Mecânica de virada por dentro, upscaping e downscaping

Fazer sweep na direção ascendente parece um pouco antinatural para muitos guitarristas no início, então não desanime se sua técnica exigir um pouco mais de atenção nessa área. Uma vez que palhetar com uma inclinação para baixo é indiscutivelmente a orientação natural mais comum entre guitarristas, criar uma versão espelhada de sua técnica pode levar tempo. Outro obstáculo potencial neste esforço decorre do fato de que descer dentro de desenhos comuns como a tríade de C maior envolve alternar as inclinações da palheta em cada extremidade.

Isoladamente, exercícios de palhetada sweep ascendente para cima como o Exemplo 4a podem ser executados com uma inclinação de palheta para cima do início ao fim, mas em uso mais realista (como o do Exemplo 4b) mudanças na direção e inclinação de palheta ocorrerão. Nesses casos, é essencial manter o sweep o mais lógico possível e minimizar o efeito das mudanças direcionais.

Exemplo 4a:

Enquanto muitos guitarristas irão naturalmente dirigir-se à primeira nota do Exemplo 4b com uma inclinação para baixo, o downscaping precisa ocorrer entre as duas notas na corda E aguda para configurar a inclinação para cima da palheta, necessária para a palhetada sweep descendente. Ao chegar na casa 12 da corda A através da palhetada de descanso da corda D, o upscaping ocorre saindo da nota A para configurar a inclinação necessária da palheta para baixo para as notas subsequentes nas cordas D e G, bem como o retorno à corda E aguda nas repetições.

Exemplo 4b:

Coloque os dois exemplos anteriores de lado por enquanto e avance através dos seguintes exercícios para desenvolver aos poucos a abordagem descendente.

Como um exercício de duas cordas, o Exemplo 4c contém apenas uma palhetada sweep. O objetivo principal é se acostumar com as constantes mudanças na inclinação da palheta. A primeira nota do loop ocorre em uma palhetada descendente com inclinação da palheta para baixo, mudando para uma inclinação ascendente da palheta no sweep de volta através da casa 8 da corda E aguda para a casa 10 da corda B.

Depois de pousar na corda B através da palhetada de descanso, ajuste a inclinação para baixo da palheta para que a corda não fique presa entre as cordas B e G, e tenha uma passagem clara de volta para a corda E aguda. É como um movimento rápido para a inclinação para baixo da palheta a partir da palhetada para cima e vai ocorrer em qualquer nota que seja mais grave conforme a tríade se expande através de mais cordas.

Na primeira palhetada para baixo do compasso um, a inclinação para baixo da palheta não é obrigatória, mas será nas repetições. Por isso, foi indicada como tal para continuidade. O grau de inclinação da palheta não precisa ser extremo em nenhum dos exemplos, já que uma inclinação exagerada pode custar tempo e energia. Inclinação suficiente para permitir mudanças de corda limpas sem saltar muito é tudo o que é necessário. Com velocidade, a palheta pode até parecer neutra com este tipo de padrão ou criar uma ilusão semelhante a um truque como o da "colher torta". As mudanças de inclinação da palheta ocorrerão sempre nas mesmas notas.

Exemplo 4c:

À medida que o tamanho da tríade aumenta, a mecânica de palhetada apenas requer uma palhetada para cima e uma palhetada de descanso em cada corda nova, mudando a mecânica de virada por dentro para a corda final antes da virada. Quanto maior a tríade, mais você pode aproveitar o fluxo direcional das notas, como demonstra o Exemplo 4d.

Exemplo 4d:

Permutações do exemplo anterior não alteram a colocação das palhetadas e inclinações. O Exemplo 4e começa em uma palhetada ascendente, mas é efetivamente o mesmo padrão utilizado no compasso dois do último exercício.

Exemplo 4e:

Como o Exemplo 4f abrange quatro cordas, o fluxo direcional do sweep ascendente torna-se mais aparente. O ritmo deste exemplo usa semicolcheias e colcheias para que a velocidade e a precisão possam ser miradas dentro de um único padrão.

Exemplo 4f:

Aproximando-se das duas notas localizadas na corda A, o Exemplo 4g usa todas as notas palhetada para manter a definição, enquanto o Exemplo 4h usa um *pull-off* da casa 12 para a casa 7, permitindo o fluxo enquanto a palheta continua na direção ascendente para a corda E grave. Em seguida, termina com uma volta por dentro para a corda A.

Exemplo 4g:

Exemplo 4h:

Antes de avançar para os estudos descendentes no Capítulo Cinco, é novamente recomendado que você aplique todos os exemplos deste capítulo a uma tríade de A Maior. Será essencial juntar desenhos maiores e menores com igual destreza e, nos capítulos seguintes, sentir-se igualmente confortável com sweeps descendentes e ascendentes.

Como Praticar o Capítulo Quatro

Se você é parecido comigo, mais tempo pode ser gasto no estágio cognitivo de aprendizagem desta técnica descendente do que na abordagem ascendente.

Seu objetivo para este capítulo é realizar sweeps descendentes com a mesma precisão e confiança que suas contrapartes ascendentes. Uma maneira de acompanhar seu progresso durante o estágio associativo é tocar tríades ascendentes e descendentes lado a lado dentro dos mesmos grupos de cordas. Um exemplo disso seria alternar entre o Exemplo 2m e o Exemplo 4h. Compare-os em tempo livre no início, depois insira o metrônomo para alguma comparação analítica.

Tal como na abordagem ascendente, a abordagem descendente será aplicada musicalmente nos estudos que se seguem.

Capítulo Cinco: Estudos Descendentes

Agora você deve ter um bom conhecimento das implicações e aplicações da inclinação da palheta em sweeps descendentes. Por essa razão, os indicadores de inclinação de palheta foram omitidos dos exemplos seguintes, uma vez que são os mesmos que os exercícios descendentes do capítulo anterior. Por exemplo, os exercícios de duas cordas do capítulo quatro usam a mesma mecânica que os estudos de duas cordas neste capítulo, e assim por diante.

O Exemplo 5a é baseado na palhetada do Exemplo 4c, mas com seis tríades diferentes através dos quatro compassos do estudo. Evite que as mudanças de posição afetem o seu tempo e trabalho em velocidades que você pode manter até o fim antes de acelerar.

Exemplo 5a:

O Exemplo 5b está no compasso 3/4 e usa tríades e inversões menores e diminutas de três cordas. Alterne entre tons limpos e distorcidos conforme você pratica estudos como este, para garantir que sua técnica esteja limpa e que nenhum ruído de corda ocorra.

Enquanto as tríades diminutas são nomeadas de acordo com seus desenhos em C, cada uma funciona harmonicamente como um acorde V dominante (E7b9) para formar uma cadência perfeita com a tríade A Menor.

Na tríade de D diminuto (D F Ab) no compasso três, a nota G# é a equivalente enarmônica da nota Ab na tríade. G# é usado na notação porque melhor representa a função do grau 7 da escala de A Harmônico Menor.

Exemplo 5b:

O Exemplo 5c utiliza tríades maiores, menores e diminutas exclusivamente no desenho de C. Como várias das tríades começam no meio das batidas do compasso, tome cuidado para garantir que você as execute de acordo com os ritmos e palhetadas indicadas.

Exemplo 5c:

O Exemplo 5d usa duas tríades menores e duas maiores, todas iniciando após um descanso de 1/4 em cada compasso. Esta é apenas uma escolha musical para o estudo, mas no estudo de seis cordas do Exemplo 5e, você verá a parte previamente descansada de cada primeira batida preenchida com duas notas palhetadas alternadamente.

Exemplo 5d:

O estudo descendente final (Exemplo 5e), é o exemplo mais complicado do livro até agora e irá testar a sua capacidade de combinar palhetada alternada e palhetada sweep com tempo consistente e execução bem ajustada.

Exemplo 5e:

Como Praticar o Capítulo Cinco

Seus objetivos aqui são muito parecidos com os do Capítulo Três: aplique a mecânica de forma musical usando os exercícios anteriores para fins de desenvolvimento e aquecimento. Você deve lembrar das formas muito facilmente por hora e um estágio associativo de desenvolvimento mecânico deve dar tempo para se concentrar em onde cada arpejo futuro será localizado no braço da guitarra.

Capítulo Seis: Estratégias Bidirecionais

Agora que você sistematizou a palhetada sweep ascendente e descendente de forma isolada, é hora de combiná-las e considerar algumas opções que surgem de mudanças direcionais. As estratégias bidirecionais permitem muita personalização.

As mecânicas utilizadas nesta seção incluem:

- Viradas duplas e únicas

- Técnica de palhetada sweep ascendente e descendente

- Palhetadas de descanso em ambas as direções

- Inclinação alternada da palheta

- Mecânicas de virada por dentro e por fora (upscaping e downscaping)

- *Hammer-ons* e *pull-offs*

Virada Dupla

Quando uma forma de palhetada ascendente é combinada com a sua descida igual mas oposta, produz-se algo que eu chamo de *Virada Dupla*. O termo se refere ao uso de notas repetidas em cada extremidade de uma tríade, de modo que ambas as direções do sweep comecem em movimentos descendentes, como mostrado nos próximos três exercícios.

Cada tríade usa um número par de palhetadas para mudar de direção, independentemente de quantas cordas com notas individuais aparecem entre os pontos de virada. Com mudanças rápidas de direção, é importante lembrar que as mudanças de inclinação da palheta podem ocorrer um pouco antes ou depois dos pontos observados. Mudanças que são muito forçadas e abruptas podem até afetar sua velocidade potencial.

Se a execução fluir e você está evitando ficar com a palheta presa entre as cordas, você está fazendo certo!

Exemplo 6a:

Exemplo 6b:

Exemplo 6c:

Para evitar a repetição do mesmo tom em qualquer uma das extremidades de um sweep com virada dupla, a mecânica de palhetada pode ser aplicada a progressões de tríades que mudam após cada subida ou descida. Os Exemplos 6d, 6e e 6f correspondem às formas da tríade de duas, três e cinco cordas com uma progressão de quatro cordas aplicada.

Exemplo 6d:

Exemplo 6e:

Exemplo 6f:

Virada Única

Fazer loop de um padrão de palhetada sweep sem duplicar as notas de cima ou de baixo é uma *virada* única. A nota mais alta ou mais baixa não é tocada duas vezes apenas para facilitar a mudança de direção, e a virada não requer um número par de notas.

A tríade estendida de cinco cordas no Exemplo 6g funciona como um único lick de virada. As palhetadas utilizadas nas batidas 1 e 2 reaparecem naturalmente na repetição da frase nas batidas 3 e 4. A facilidade de repetição é, sem dúvida, responsável pela utilização frequente desta forma de sweep em várias inversões.

Exemplo 6g:

Com a adição de um *hammer-on* na subida e um *pull-off* na descida para um passeio mais suave, esta forma funciona ainda melhor. O Exemplo 6h oferece um estudo para esta abordagem, passando pelas tríades A Menor, C Maior, A Menor e G Maior. Com apenas duas notas palhetadas na corda E aguda, faz sentido ajustar a inclinação da palheta saindo da metade ascendente de cada arpejo e indo para a metade descendente.

Exemplo 6h:

Os grupos em que a corda mais grave de cada forma contém apenas uma única nota podem ser menos intuitivos do que os exemplos anteriores, levantando questões sobre palhetada por dentro versus palhetada por fora, e usando um conjunto de mecanismos pela primeira vez versus uma versão diferente nas repetições. Alguns padrões também podem criar confusão devido a abordagens únicas utilizadas por vários guitarristas famosos que usam palhetada sweep. Vamos desmistificar isso.

Para tornar sua abordagem pessoal estratégica e remover todas as incertezas das opções, vamos percorrer os grupos de cordas progressivamente.

Viradas simples de duas cordas

Subir e descer dentro da tríade de A menor em duas cordas apresenta um problema no início se todas as notas forem palhetadas. Evidente no Exemplo 6i, um sweep ascendente só ocorre na primeira vez já que o exercício é logo forçado para uma forma de palhetada alternada por dentro na repetição.

Exemplo 6i:

A solução mais simples é manter a inclinação da palheta para baixo da abordagem ascendente no Capítulo Dois e usar um *pull-off* entre as notas E e C na corda E aguda. Fazer isso facilita as repetições intermináveis do padrão sem alterar as palhetadas ou a inclinação da palheta e garante que não mais do que duas notas sejam palhetadas na corda da virada.

Exemplo 6j:

Começar o loop a partir de um ponto diferente ainda não requer nenhuma alteração para a palhetada ou inclinação. O sweep ocorre apenas no final de cada batida em vez de no início.

Exemplo 6k:

Viradas únicas de três, quatro e cinco cordas

Limitar o número de notas palhetadas na corda E aguda a duas ajuda a formar uma estratégia de loop suave para grupos de cordas em maior quantidade. *Para baixo, para cima, pull-off* será a abordagem ideal para tríades de virada única, a menos que você deseje especificamente o efeito de palhetar cada nota.

É simples expandir o Exemplo 6j para grupos ascendentes de três, quatro e cinco cordas. Adicione uma nova corda inferior a cada vez, com outra palhetada descendente e palhetada de descanso para cada uma delas.

Exemplo 6l:

Vamos tratar das notas individuais nas tríades a seguir. Na linha seguinte, a nota C (casa 10 na corda D) na batida 3 do primeiro compasso deve ser tocada como uma continuação do sweep para cima da batida 2, ou com um movimento descendente como o início de um novo sweep ascendente?

Exemplo 6m:

Como no caso do copo meio vazio ou meio cheio, a verdade é que depende de como você olha para a situação.

O Exemplo 6n trata o C como parte do sweep no início da batida 3 do compasso um. Observe que a inclinação da palheta muda saindo da nota C em preparação para a mecânica de virada por dentro que inicia o próximo sweep.

Exemplo 6n:

O Exemplo 6o apresenta a outra opção pela qual cada nota C na corda D é considerada o início de um novo sweep. Para que a mecânica de virada por fora funcione, a inclinação da palheta precisa mudar saindo da nota E na casa 9 da corda G antes de cada repetição.

Exemplo 6o:

Não há problema em ter uma preferência mecânica ou tonal por qualquer uma delas, e você ainda é capaz de dominar ambas com o seu conhecimento das inclinações da palheta. O truque é decidir, ter uma opinião sobre ambas e extrair o máximo da opção que você preferir, mantendo a outra na manga para todas as instâncias em que fizer sentido usá-la

O Exemplo 6p aplica uma virada por dentro em um padrão de cinco cordas que lembra o estilo de Jason Becker. Note o *pull-off* que é utilizado na segunda iteração do padrão.

Exemplo 6p:

O Exemplo 6q é um caso em que um guitarrista diferente irá optar por uma palhetada para baixo na nota mais grave e usa a mecânica por fora típica de guitarristas como Yngwie Malmsteen. Comece com uma palhetada para cima e siga com um pull-off para imitar o que naturalmente ocorre nas repetições. Malmsteen mantém uma inclinação de palheta descendente para este tipo de padrão, entrando na palhetada ascendente na corda B com um movimento de palhetada cruzada.

Exemplo 6q:

Contrastar esse método com uma inclinação de palheta para cima e uma mecânica de virada por dentro (Exemplo 6r) também faz muito sentido, então experimente ambas as abordagens e escolha uma para você. No caso de Malmsteen, a palhetada descendente por fora para repetições é a abordagem para praticamente qualquer linha de palhetada sweep.

Exemplo 6r:

Viradas Únicas de Seis Cordas

Sweep em seis cordas dentro dos desenhos usados até agora também usa uma única nota na corda mais grave – o E grave. Esta única nota pode mais uma vez ser repetida com uma palhetada para cima como parte do sweep descendente (Exemplo 6s), ou com uma palhetada para baixo como o início de um novo sweep ascendente (Exemplo 6t). Em ambos os casos, a inclusão de ligados na corda A provavelmente dará o loop de sonoridade mais suave, independentemente de qual mudança direcional você escolher.

Para usar a mecânica de virada por fora na corda E grave, ajuste a inclinação da palheta um pouco mais cedo como indicado.

Exemplo 6s:

Exemplo 6t:

Mudanças na direção em pleno ar

Para se tornar criativo com o sweep bidirecional, você pode mudar de direção em qualquer ponto dentro de uma tríade em vez de esperar para chegar ao topo ou ao fundo de uma série de notas. O próximo par de exemplos imita o efeito que um harpista ou pianista criaria ao passar por arpejos em cascata.

O Exemplo 6u começa na nota C mais grave de uma tríade de A Menor, em cascata para frente e para trás à medida que alcança novos pontos altos do início ao fim. Para as mudanças de direção que ocorrem na batida 3 do compasso um e nas batidas 2 e 3 do compasso dois, é necessário utilizar a mecânica de virada por dentro.

Nas batidas 2 e 4 do compasso um optei pela palhetada por fora da corda A, de volta para a corda E grave, a partir do momento que os pontos dentro do exercício podem fazer uso da mecânica de duas cordas desenvolvida no Exemplo 6j. Escolher esta opção oferece mais duas oportunidades para fazer a palhetada sweep em vez de forçar uma virada por dentro e uma reversão da inclinação da palheta.

Exemplo 6u:

Contrastando com a abordagem anterior, o Exemplo 6v usa uma virada por dentro entre a corda A e a corda E grave na batida 4 do primeiro compasso para estender o sweep ascendente que precede a mudança direcional. Você ainda tem a opção da virada por fora se preferir.

Exemplo 6v:

Como praticar o Capítulo Seis

Na maioria dos casos em que as coisas podem ser feitas de várias maneiras, eu digo àqueles que estudam comigo para *fazer o teste de velocidade*. O que parece melhor na fase cognitiva da aprendizagem nem sempre é o método que avança para a fase autônoma.

Por algum tempo, você pode ter que deixar que estratégias concorrentes batalhem durante a sua prática, avaliando os benefícios e aplicações de cada uma até que uma delas se destaque como uma verdadeira preferência, capaz de ajudá-lo a entregar suas ideias no ritmo desejado. Para isso, experimente mudanças direcionais em todas as formas discutidas neste capítulo, colocando mais energia nas escolhas que produzem mais resultados.

Com os estudos bidirecionais que se seguem no Capítulo Oito, você terá muitas chances de colocar em prática o sweep em exemplos que mais refletem o uso da técnica *no mundo real*.

Capítulo Sete: Estudos Bidirecionais

Como o Capítulo Seis descreve várias opções para a palhetada sweep bidirecional, cada estudo neste capítulo fará referência a uma abordagem mecânica relacionada da seção anterior.

O Exemplo 7a é construído em torno de um *círculo de progressão* de acordes de *quarto grau* típico do rock influenciado pelo barroco. A mecânica de palhetada com virada única do Exemplo 6k é usado durante todo o processo. Este estudo também pode ser movido para diferentes tonalidades e cordas usando as mesmas casas nas cordas três e quatro, bem como nas cordas cinco e seis. No compasso sete, a nota G# é a equivalente enarmônica à nota Ab na tríade de D diminuto.

Exemplo 7a:

O Exemplo 7b usa a mecânica de virada dupla do Exemplo 6a nas cordas D e G em uma progressão proveniente da tonalidade de G Maior. Os compassos um e dois sobem e descem dentro de cada posição antes de mudar de tríades, enquanto os compassos três e quatro dividem a mecânica de palhetada entre tríades ascendentes e descendentes.

Exemplo 7b:

Com a mesma progressão harmônica que o estudo anterior, o Exemplo 7c é escrito para tríades de três cordas com viradas duplas do início ao fim.

Exemplo 7c:

Construído com a mecânica de virada por dentro e inclinação de palheta alternada de exercícios como o Exemplo 6s em mente, este estudo se expande e se contrai dentro de cada tríade, usando três, cinco e quatro cordas para cada acorde na progressão. Pratique cada compasso separadamente no início, reconectando as partes quando você conseguir memorizar as quatro formas. Assegure-se de que suas transições estejam no tempo com a batida quando voltar a montá-la.

Exemplo 7d:

No Exemplo 7e, a tríade de A Maior no compasso um gira inicialmente em torno da nota A na casa 10 da corda B. Na segunda subida, a tríade estende-se até o topo, dentro da posição. No segundo compasso, a tríade de C dá lugar a uma mudança antecipada para a tríade de D em antecipação ao quarto compasso.

A tríade de C pode começar em uma palhetada para baixo ou para cima, mas eu escolhi uma palhetada para baixo neste caso para duplicar a palhetada dos compassos um e dois nos compassos três e quatro.

Exemplo 7e:

Para completar o capítulo, o Exemplo 7f foi concebido para trabalhar a mecânica de virada por dentro em vários pontos dentro de uma tríade. O tempo é crucial quando você alterna entre colcheias e tercinas de colcheias, com mudanças de direção ocorrendo na maioria das cordas em vários pontos. Quando você puder tocar este exemplo, aplique a sequência usada para outras progressões de acordes.

Exemplo 7f:

Como Praticar o Capítulo Sete

Seguindo em frente, é vital que você pegue as ideias apresentadas nesses estudos e tenha propriedade sobre elas com diferentes progressões de acordes, estilos, frases e tempo.

Tendo estudado tudo o que você viu até agora, você provavelmente vai notar que estudos como os deste capítulo se tornam associativos e autônomos mais rápido do que os exercícios a partir dos quais eles são derivados. Isso acontece porque suas habilidades motoras estão reconhecendo a aplicação de movimentos padrão. Com o passar do tempo, você vai encontrar novos materiais ainda mais naturais para desenvolver, permitindo mais ênfase no resultado musical de suas linhas de palhetada sweep.

Seu foco neste capítulo (além de tocar limpo e no tempo) é desfrutar a música. Esperamos que a viagem já esteja agradável, mas com um material muito mais legal na manga. O fator de alegria aumenta à medida que você fizer música real, levando a um nível acima de apenas *acertar*.

Recomendações para um estudo mais aprofundado

Aqui estão algumas peças para procurar e colocar a palhetada sweep bidirecional em prática.

- *Altitudes* – Jason Becker

- *Serrana* – Jason Becker

- *Race with Destiny* – Vinnie Moore

- *Demon Driver* – Yngwie Malmsteen

- *Overture* – Yngwie Malmsteen

- *Liar* – Yngwie Malmsteen

- *No Boundaries* – Michael Angelo Batio

- *Requiem for the Living* – Jeff Loomis

Capítulo Oito: Cobertura no Braço da Guitarra – Tríades

Com a mecânica de sweep ascendente, descendente e bidirecional à sua disposição, é hora de expandir o vocabulário de tríades e arpejos usando vários sistemas para cobertura do braço da guitarra. Com tantos tons de acordes disponíveis em todo o braço, é essencial examinar as melhores formas de estruturar as opções em pedaços gerenciáveis que permitem criar música. Para esse fim, este capítulo gigantesco investiga o seguinte:

- Tríades do sistema CAGED

- Tríades de velocidade

- Mapeamento de tríades maiores, menores diminutas e aumentadas.

- Mapeamento de acordes suspensos de segunda e suspensos de quarta

Visão Geral das Tríades do Sistema CAGED

Muitos guitarristas aprendem a localização dos tons de acordes dentro do sistema CAGED, um método de visualização e zoneamento do braço da guitarra de acordo com as formas de acordes abertos de C Maior, A Maior, G Maior, E Maior e D Maior e a localização das tônicas de cada um.

Embora valioso para a improvisação e a integração de escalas e tons de acordes, a sobreposição tonal e layouts irregulares significam que este sistema de cobertura pode não fornecer a consistência mecânica que se espera de uma técnica como a palhetada sweep. No entanto, compreender a utilização de tríades dentro do sistema CAGED irá ajudá-lo a compreender os refinamentos que são usados na abordagem de *desenhos de velocidade*.

Os cinco padrões seguintes destacam as notas da tríade de A Maior (A, C#, E) dentro dos padrões de escala CAGED na tonalidade de A Maior, começando com o que muitos de nós aprendemos como o *velho* padrão de escala maior (forma de E).

Desenho de E

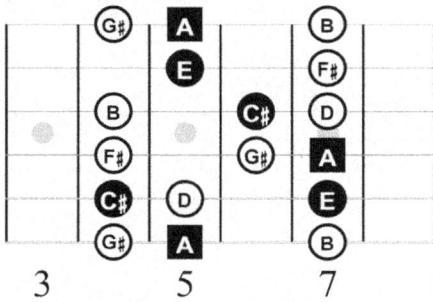

3 5 7

Desenho de D

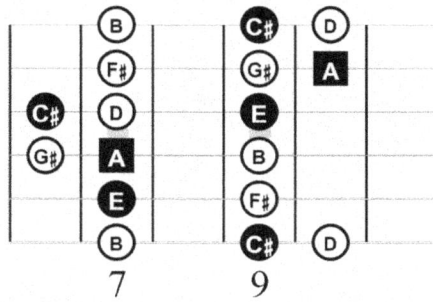

7 9

Desenho de C

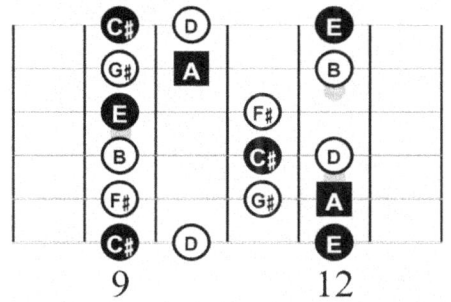

9 12

Desenho de A

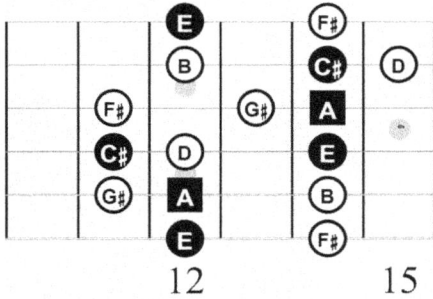

12 15

Desenho de G

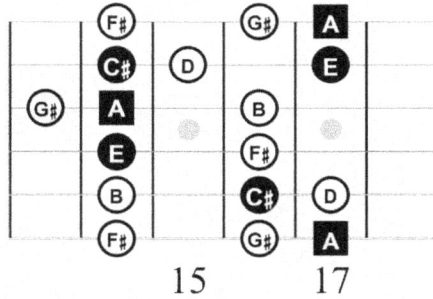

15 17

Os acordes IV e V da harmonia da escala maior, que também são tríades maiores, podem ser encontrados usando os mesmos cinco desenhos, mas de diferentes pontos de partida usando suas notas relevantes. Confira estes dois diagramas que mapeiam as tríades D Maior (D, F# A) e E Maior (E, G#, B) dentro dos padrões da escala de A Maior:

Tríades de D Maior em A Maior

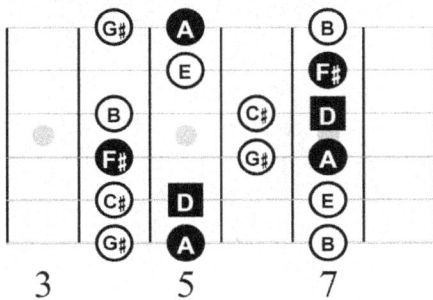

3 5 7

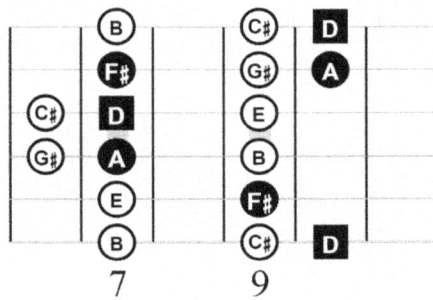

7 9

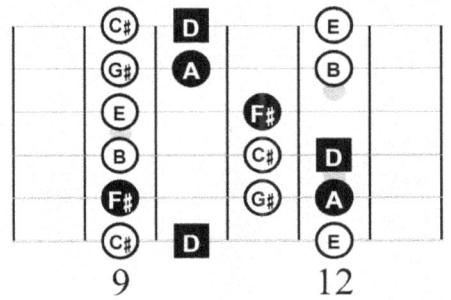

9 12

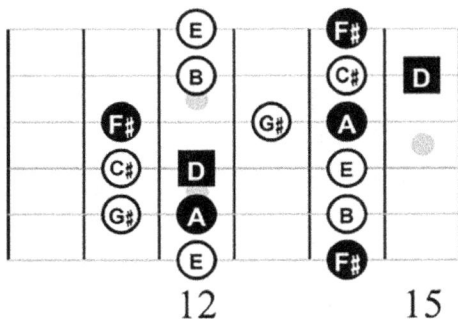

12 15

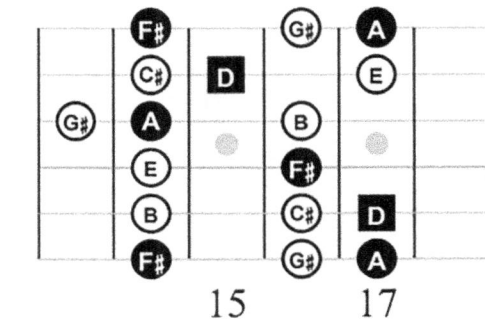

15 17

Tríades de E Maior em A Maior

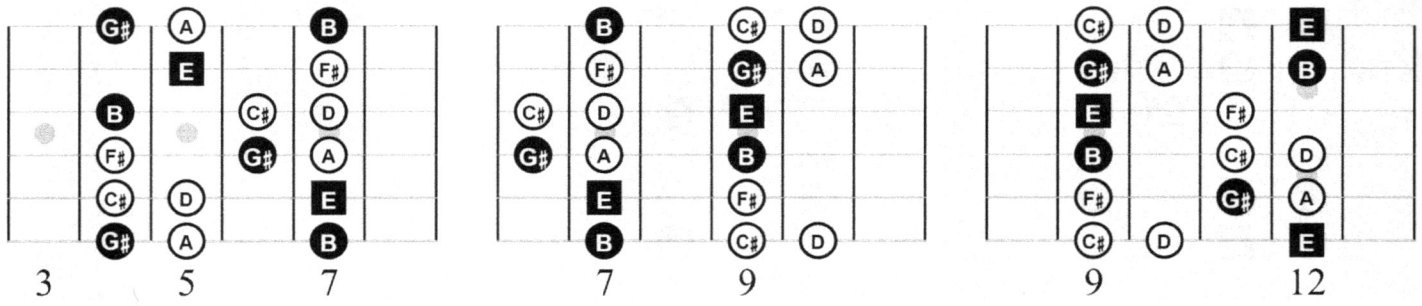

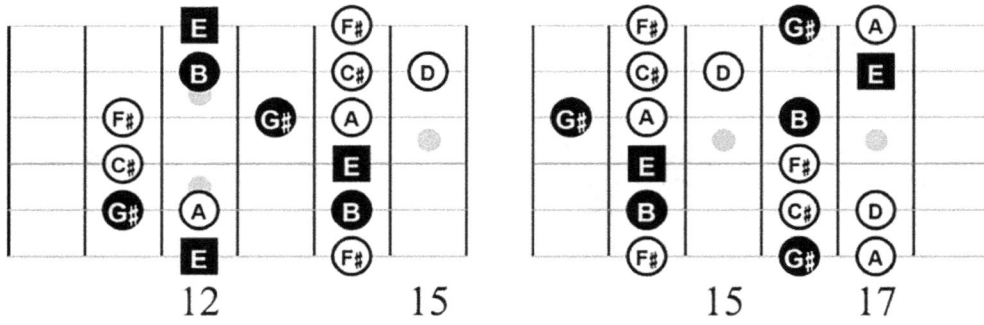

O Exemplo 8a usa minhas digitações pessoais para as tríades maiores do CAGED, incluindo quaisquer ligados ou slides que eu uso para funcionalidade ou estilo. Essas digitações desviam-se da noção de tocar todas as ideias do CAGED com uma abordagem de digitação 1-2-3-4.

Exemplo 8a:

Tríades menores (1, b3, 5) também existem dentro do sistema CAGED e são atribuídos nomes de formas que correspondem à localização das suas tônicas. Por exemplo, a tríade do desenho de G menor é assim chamada porque, independentemente do tom do acorde, as notas tônicas partilham a mesma localização de como é feito em um acorde G. Os desenhos G, E e A das tríades menores do CAGED são indiscutivelmente as mais fáceis de fazer sweep e as formas D e C são muitas vezes hibridizadas numa forma utilizável que usamos pela primeira vez no Capítulo Dois.

Na tonalidade de A Maior, três acordes menores são encontrados em graus II, III e VI da escala. Esses são B Menor (B, D, F#, como mapeado nos diagramas que se seguem), C# Menor (C#, E, G#) e F# Menor (F#, A, C#). Sinta-se livre para ser tão convencional ou experimental com as digitações como quiser, até encontrar o que funciona melhor para você.

Bm (Desenho de G)

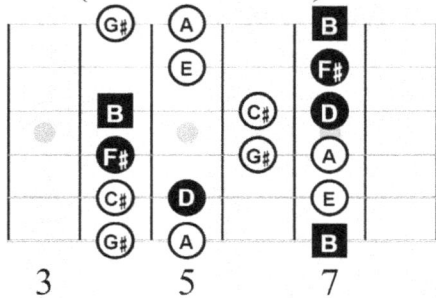

Bm (Desenho de E)

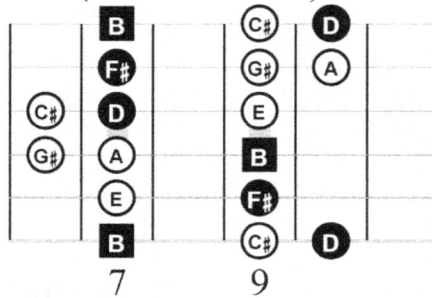

Bm (Desenho de D)

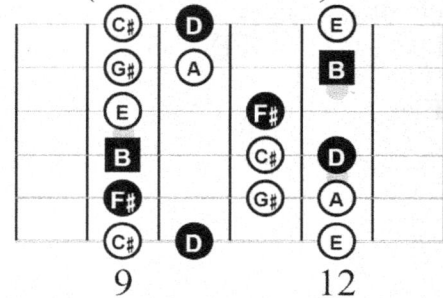

Bm (Desenho de C)

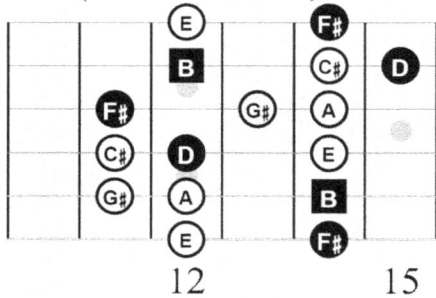

Bm (Desenho de A)

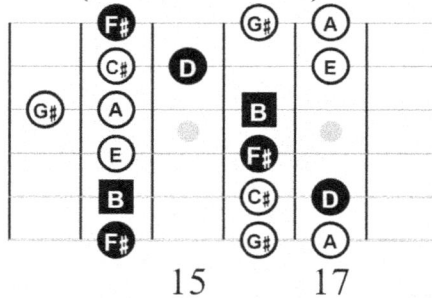

O tipo de tríade final da harmonia da escala maior, ocorrendo no grau VII da escala, é a tríade diminuta (1, b3, b5). Tríades diminutas também podem ser encontradas no sistema CAGED e, como você pode ver nos diagramas a seguir, cada padrão contém uma corda que foi ignorada. Saltar sobre uma corda pode parecer incomum se você ainda não o fez antes, mas invista tempo nisso.

G#dim (Desenho de E)

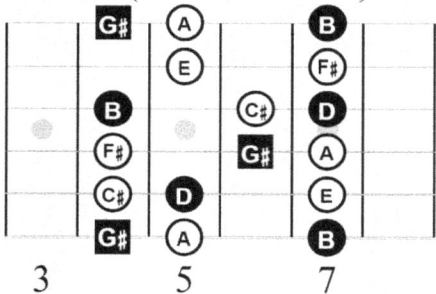

G#dim (Desenho de D)

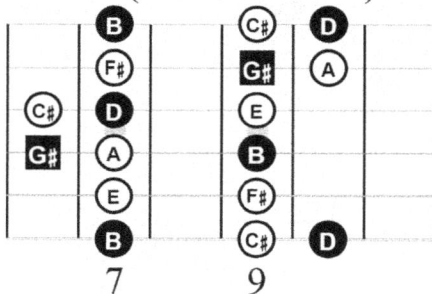

G#dim (Desenho de C)

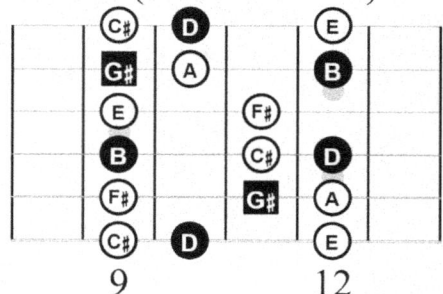

G#dim (Desenho de A)

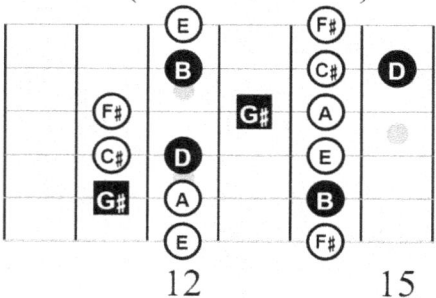

G#dim (Desenho de G)

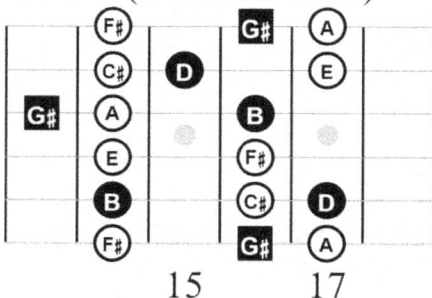

Desenhos de Velocidade para Tríades Maiores

Linhas de arpejo rápidas são frequentemente auxiliadas pela implementação de modelos de digitação e palhetada sistematizados que podem ser aplicados a uma variedade de acordes e inversões. Eliminando algumas das sobreposições posicionais e tonais dos padrões CAGED e ajustando o layout para que formas de palhetada idênticas possam ser aplicadas, os *desenhos para velocidade* cobrem uma oitava horizontal no braço da guitarra com apenas três padrões. Os três padrões se conectam com qualquer número de cordas para a cobertura extensa do braço da guitarra e podem ser modificados para cada tipo de acorde.

Baseado em híbridos de desenhos do CAGED (E/D, D/C e A/G), uma tríade de A Maior e suas duas inversões podem ser reproduzidas usando um layout de sistema numérico de 1-2-1-1-1-2. Os números referem-se à quantidade de notas que aparecem em cada corda desde a corda E grave até a corda E aguda. Todos os exercícios de palhetada utilizados nos Capítulos Dois, Quatro e Seis podem ser aplicados a cada um destes desenhos de velocidade, que serão aqui referidos como *Desenho de velocidade 1*, *Desenho de velocidade 2* e *Desenho de velocidade 3*.

Desenho de velocidade maior 1   Desenho de velocidade maior 2   Desenho de velocidade maior 3

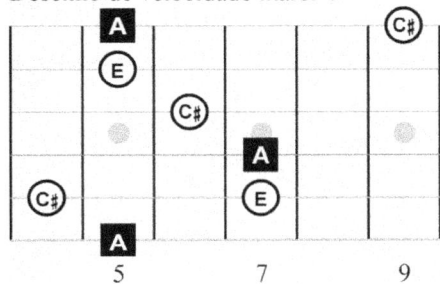

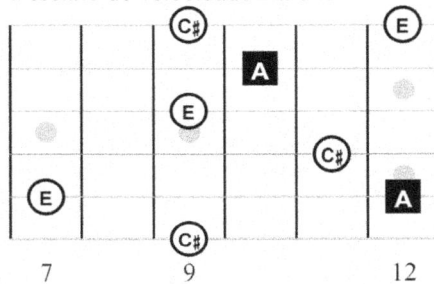

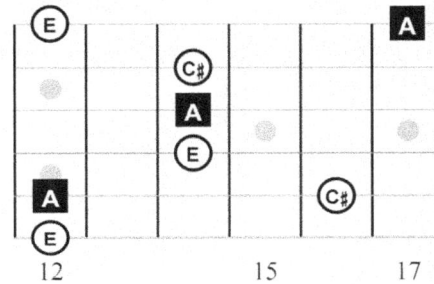

Minhas digitações sugeridas e execução para os desenhos de velocidade em A Maior são oferecidas no Exemplo 8b e devem permanecer consistentes através de Exemplos 8c a 8f, pois o número de cordas diminui a cada vez. Cada exemplo retém a mecânica aplicável a essa parte dos padrões completos.

Os ritmos na notação destes exemplos diferem de exercício para exercício, usando uma variedade de durações de notas. Ouça os exemplos de áudio disponíveis se a notação estiver além do seu nível de leitura. Você também pode começar tocando cada um com ritmos pares, como colcheias ou semicolcheias constantes, antes de aplicar os ritmos transcritos que foram escolhidos para caber nos compassos de 4/4.

Exemplo 8b – Desenhos de velocidade de tríades maiores em seis cordas:

Exemplo 8c – Desenhos de velocidade de tríades maiores em cinco cordas:

Exemplo 8d – Desenhos de velocidade de tríades maiores em quatro cordas:

Exemplo 8e – Desenhos de velocidade de tríades maiores em três cordas:

Exemplo 8f – Desenhos de velocidade de tríades maiores em duas cordas:

Usar uma mistura de direções ascendentes e descendentes com padrões inteiros e parciais pode gerar um fluxo interessante e aparentemente infinito de tons de acordes. O Exemplo 8g cria tal efeito ao subir usando o Desenho de Velocidade 1, desce e sobe usando o Desenho de Velocidade 2 e com uma parte de três cordas do Desenho de Velocidade 3, e conclui com cinco cordas de descida usando o Desenho de Velocidade 1, uma oitava acima.

Exemplo 8g:

Molde seu próprio caminho

Sempre que surge um desenho que não é do seu agrado, criar alternativas é apenas uma questão de consultar o mapa do braço da guitarra para o acorde em questão, realocar notas com digitações problemáticas ou formar novos padrões do zero.

Tríade de A maior através do braço da guitarra

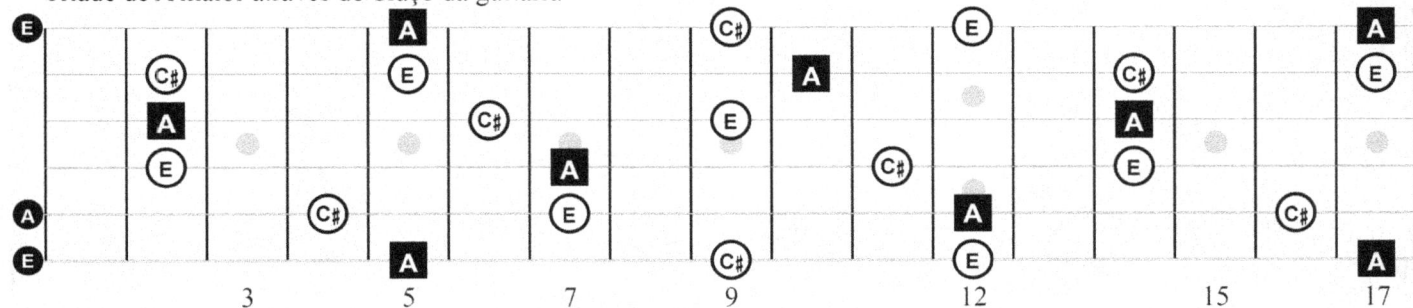

Desenhos de Velocidade para Tríades Menores

A transição das tríades maiores para as menores envolve meramente baixar a terça em um semitom dentro de cada forma de palhetada 1-2-1-1-1-2, produzindo os seguintes desenhos:

Desenho de velocidade menor 1

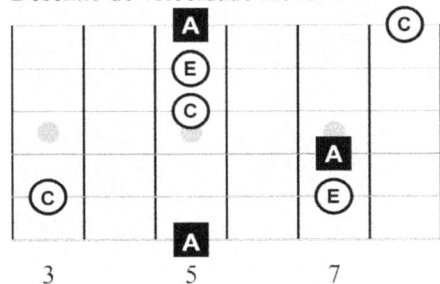

Desenho de velocidade menor 2

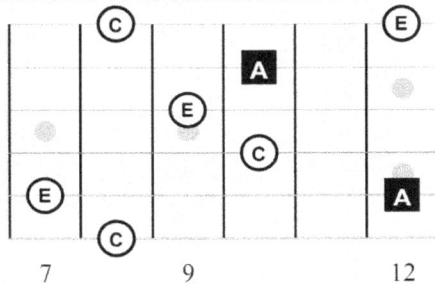

Desenho de velocidade menor 3

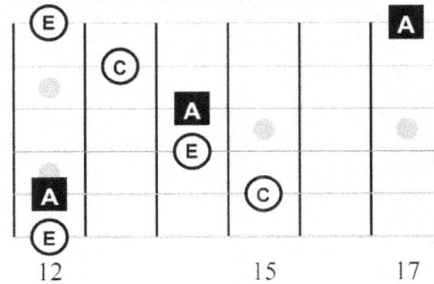

Minhas sugestões de digitação para os desenhos de velocidade menores (e qualquer parte deles) são detalhadas no Exemplo 8h. Se você desenvolver uma abordagem alternativa, garanta que suas escolhas permitam uma execução fluida, precisa e consistente.

Exemplo 8h:

Depois de aprender os desenhos de velocidade menores, repita os Exemplos 8c a 8f usando tríades menores.

Ao estudar os tons das tríades através do braço da guitarra, outras formas podem ser construídas e usadas como alternativas às formas anteriores.

Tríade de A menor através do braço da guitarra

Aqui estão dois padrões para tríades em Am que reduzem o alongamento movendo uma nota cada a partir da corda A para a corda E grave. O primeiro padrão vem direto do sistema CAGED.

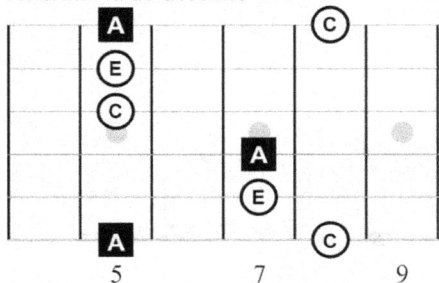

Alternativa ao desenho 1   Alternativa ao desenho 2

Delineando Progressões com Desenhos Móveis versus Formas Posicionais

Fazer sweep através de progressões de acordes pode ser feito com uma abordagem muito útil de *distribuição de vozes*, selecionando desenhos que ocupam regiões semelhantes do braço da guitarra. Considere os Exemplos 8i e 8j, que comparam abordagens de salto de posição e distribuição de vozes. No Exemplo 8i, os acordes D Maior, A Maior, E Maior e F# Menor começam cada um em suas respectivas notas tônicas usando um bloco móvel de cinco cordas proveniente do Desenho de Velocidade 3.

Exemplo 8i:

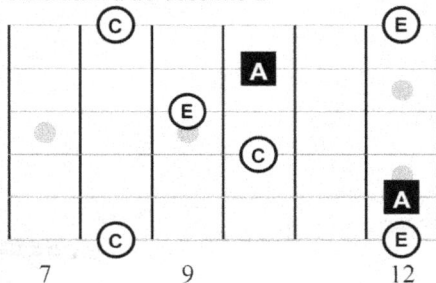

As grandes mudanças de posição e os intervalos melódicos entre cada tríade no exemplo anterior podem soar um pouco desarticulados, mesmo quando executados perfeitamente. O Exemplo 8j contraria esse problema usando cinco cordas do Desenho de Velocidade 1 para o acorde D, e cinco cordas do Desenho de Velocidade 2 para o acorde A, resultando em voicings que começam em notas E ou F# ao longo da progressão.

Exemplo 8j:

O Exemplo 8k fornece mais uma opção para a mesma sequência de acordes. Note como as tríades de D Maior, A Maior e F# Menor começam e fazem uma virada nas mesmas notas A, enquanto o E Maior começa e termina apenas um semitom abaixo em duas notas G#. Seguir uma progressão dentro de uma região do braço é uma ótima maneira de criar unidade e movimento simultaneamente.

Exemplo 8k:

Desenhos de Velocidade para Tríades Aumentadas

A tríade aumentada (1 3 #5) evoca um som misterioso com sua construção de tônica, terça maior e intervalos aumentados de quinta. Ocorrendo naturalmente a partir do grau III das escalas *harmônicas menores* e *melódicas menores* harmonizadas e a partir de cada grau da *escala de tons inteiros*, as tríades aumentadas podem ser encontradas modificando as principais formas das tríades. Fazer isso resulta em uma única forma que ocorre em três locais, porque o acorde consiste em terças maiores consecutivas.

A construção simétrica de tríades aumentadas significa que Aaug, C#aug e E#aug (Faug é o equivalente enarmônico) não são apenas acordes em si mesmos, mas inversões uns dos outros.

Devido à fórmula de construção da tríade aumentada (1, 3, #5), é correto referir-se à quinta de Aaug como E# em vez de F.

Desenho de velocidade aumentado 1   Desenho de velocidade aumentado 2   Desenho de velocidade aumentado 3

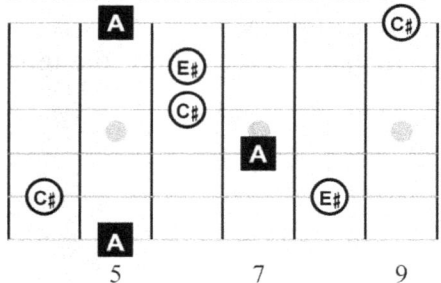

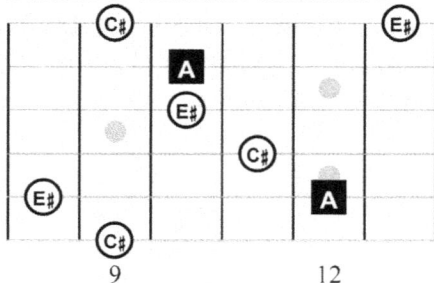

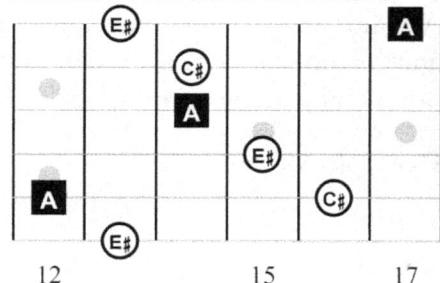

As tríades aumentadas são umas das poucas tríades para as quais vou alterar a digitação dependendo da porção usada. Os dois padrões seguintes ilustram as diferentes digitações para um desenho de seis cordas e um padrão por dentro de quatro cordas, esse último sendo usado no Exemplo 81.

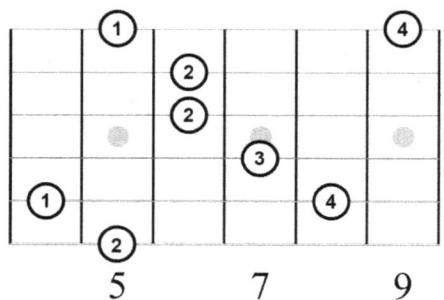

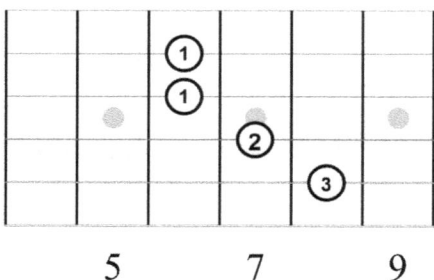

O Exemplo 81 é uma forma de sweep com virada dupla que demonstra a conveniência de mover um desenho único pela escala. Exige muita atenção em alta velocidade!

Exemplo 81:

O mapa do braço da guitarra de uma tríade aumentada revela outras possibilidades para digitações móveis. Veja quais desenhos você pode construir a partir do diagrama a seguir e trabalhe suas ideias através de saltos de intervalo de terças maiores.

Tríade de A aumentado através do braço da guitarra

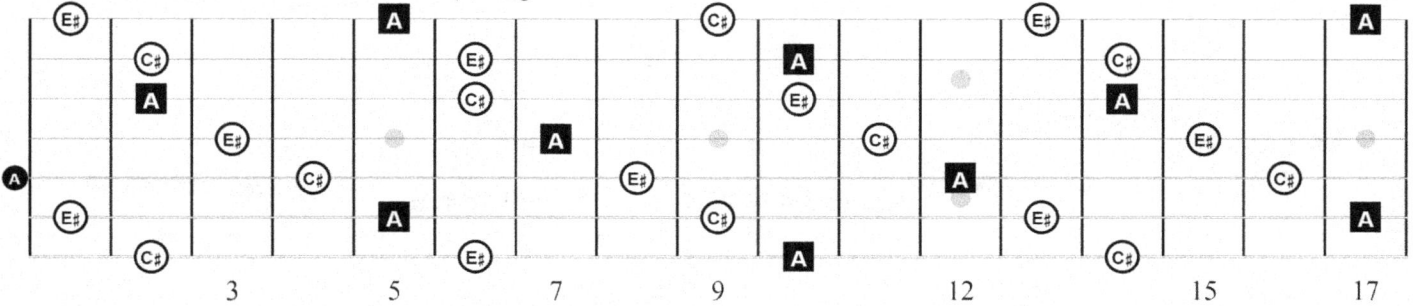

O Exemplo 8m aproveita a localização diagonal das notas a partir da tônica A na corda E grave com um sweep ascendente para a nota C# na segunda casa da corda B. O ritmo deste exemplo contrasta um turbilhão de fusas com uma colcheia em staccato em cada batida. Se o ritmo rápido das primeiras quatro notas de cada batida parece assustador, pense em cada batida como duas colcheias, com a primeira consistindo de uma palhetada direta começando na batida, com o objetivo de alcançar a quinta nota no "e" de cada batida.

Exemplo 8m:

Usando uma forma de palhetada repetida de oito notas e subindo em terças maiores, o Exemplo 8n sobe através de grupos de cordas enquanto desce em posição no braço da guitarra a cada vez. As primeiras duas unidades de oito usam o mesmo desenho de digitação em seus respectivos grupos de cordas, mas são modificadas no compasso dois para permanecerem fiéis à tríade aumentada.

Exemplo 8n:

O exemplo aumentado final (Exemplo 80) para esta seção apresenta um palíndromo rítmico esticado sobre duas batidas de cada vez, significando que o fraseado das batidas 2 e 4 é o ritmo inverso das batidas 1 e 3. O resultado é uma sensação de aceleração e desaceleração sobre cada grupo de duas batidas que coincide com o pico melódico do *lick*.

Exemplo 80:

Desenhos de Velocidade para Tríades Diminutas

Ao contrário das tríades maiores empilhadas, usadas para criar uma tríade aumentada uniformemente espaçada, as tríades diminutas (1 b3 b5) incluem um intervalo grande de seis semitons do grau b5 até a próxima tônica. O aumento da distância tem um impacto sobre o layout da mão que digita as notas onde as quintas e as tônicas previamente se alinhavam com a maioria dos pares de cordas em desenhos maiores e menores.

Tríade de A diminuto através do braço da guitarra

A conversão de desenhos de velocidade de tríades menores em formas diminutas, reduzindo todas as ocorrências dos sons de quinta, parece uma proposição razoável. No entanto, os resultados podem ser mistos. Vamos percorrer cada um deles e fazer modificações para otimizar o fluxo e a velocidade.

No primeiro desenho, alcançar a nota C mais aguda na corda E alta torna-se difícil, uma vez que a nota Eb na corda B quebra a abordagem do ligado com troca de corda com o dedo indicador, usado no desenho de velocidade menor na mesma posição.

Em vez disso, tente reverter para a forma mais compacta derivada do sistema CAGED. O salto da corda G para a corda E aguda quebra o sweep em ambas as direções, mas é uma compensação entre tocar todas as mesmas notas de uma forma acessível ou manter um sweep com uma digitação menos viável.

Desenho diminuto 1

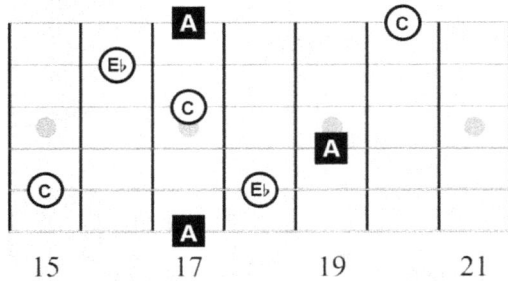

Alternativa com salto de corda

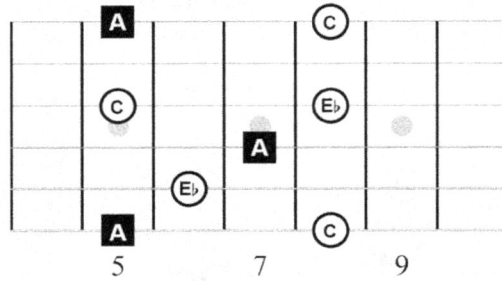

Exemplo 8p:

Adim

Dependendo da localização no braço da guitarra e da tonalidade usada, o Desenho de Velocidade 2 pode funcionar se você não se importar com um grande alongamento na quinta corda, mas há uma forma mais compacta disponível na mesma região.

Desenho diminuto 2

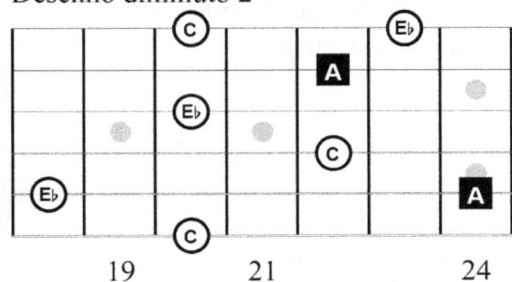

Alternativa compacta

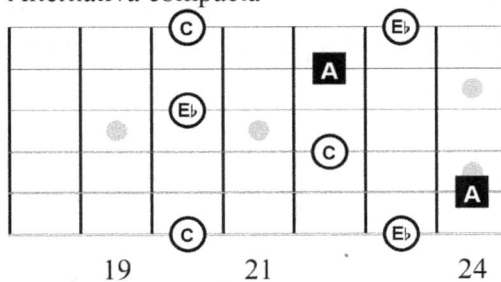

Exemplo 8q:

De qualquer forma, o Desenho de Velocidade 3 diminuto é possivelmente a proposta mais ridícula deste livro! Por mais assustador que pareça, o seu absurdo cria um sweep com sonoridade interessante que se estende por sete casas. O meu desenho preferido, à direita, muda a nota A mais baixa da casa 12 da corda A para a casa 17 da corda E grave, dando-lhe a mesma mecânica de palhetada que a alternativa à forma dois.

Desenho diminuto 3

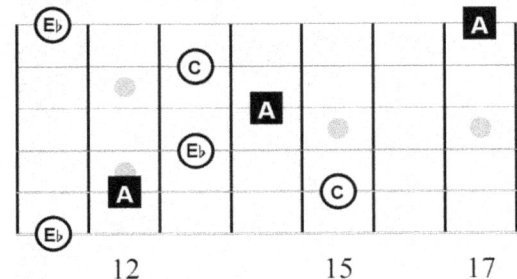

Alternativa fluida

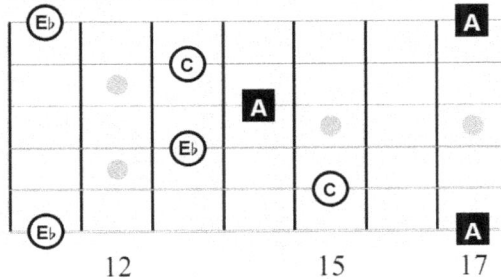

Para construir a última forma em partes pequenas, acostume-se primeiro à nota A na corda E grave, à nota C na corda A e à nota Eb na corda D usando os dedos quatro, dois e um. Em seguida, toque as mesmas notas uma oitava acima nas cordas G, B e E aguda usando os dedos três, dois e um. Combine os dois elementos que você tem até agora antes de adicionar a nota Eb na corda E grave e a nota A mais aguda na corda E aguda.

Tenha em mente que se os alongamentos forem muito extremos para a sua mão que digita as notas, você pode usar qualquer parte do desenho que você gosta de cobrir a tríade diminuta nesta região do braço da guitarra. Considere toda a forma como um desafio para os que têm uma tendência para o extremo.

Exemplo 8r:

Desenhos de Velocidade para Acordes Suspensos

Não ser maior nem menor excluiria os acordes básicos suspensos de segunda e de quarta (*sus2* e *sus4*) da inclusão como tríades na maioria dos livros de teoria. Eles são inclusos aqui devido à sua construção de três notas. Acordes suspensos podem resolver tanto para acordes maiores ou menores, desde que a segunda maior ou a quarta justa que substitui a terça do acorde se encaixe dentro da tonalidade em questão.

Acordes suspensos de quarta ocorrem de forma diatônica nos graus I, II, III, V e VI da escala maior. Os acordes suspensos de segunda podem ser gerados a partir dos graus I, II, IV, V e VI.

Acordes suspensos de segunda e quarta podem ser vistos como inversões de si mesmos a partir de diferentes tônicas. Por exemplo, Asus4 (A, D, E) partilha as mesmas notas que Dsus2 (D, E, A). Como resultado, é necessário apenas um conjunto de desenhos de velocidade, aplicados de acordo com o acorde em questão. Em outro exemplo deste ponto de vista, um acorde Asus2 (A, B, E) contém as mesmas notas que um acorde Esus4 (E, A, B).

Asus4 através do braço da guitarra (mesmas notas que o Dsus2)

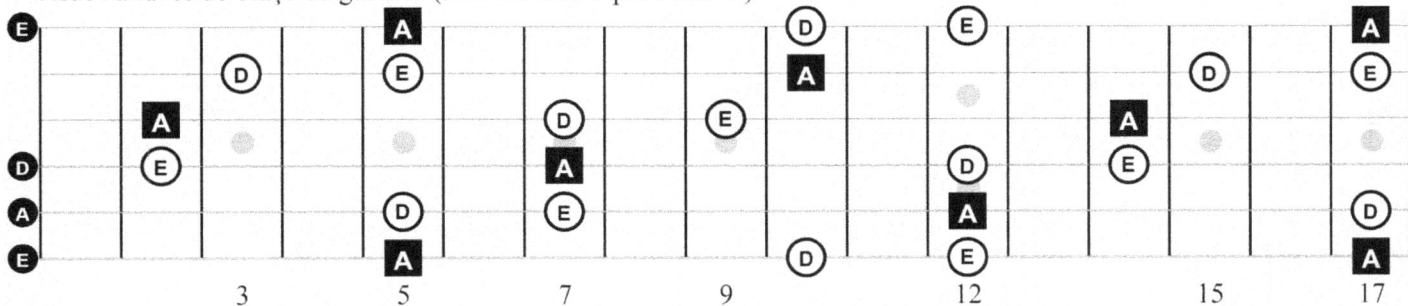

Asus2 através do braço da guitarra (mesmas notas que o Esus4)

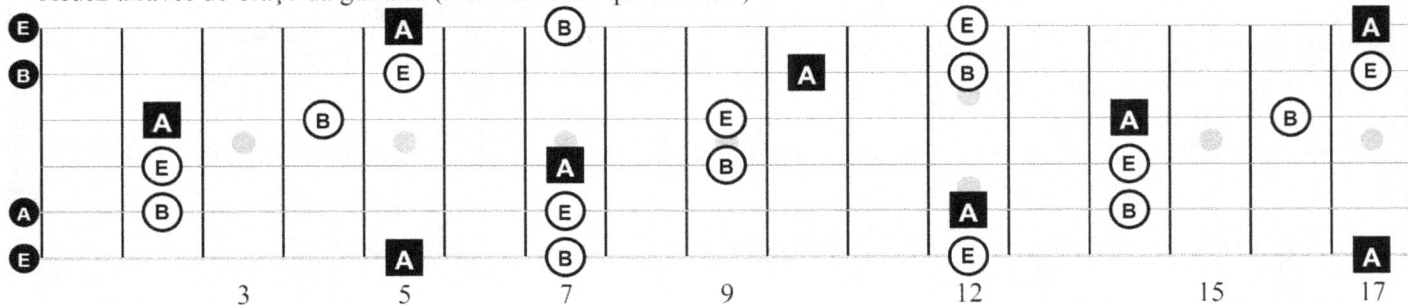

Usando as os desenhos de velocidade de tríades maiores como guia, a quarta suspensa pode ser configurada da seguinte forma:

1º desenho sus4 de velocidade

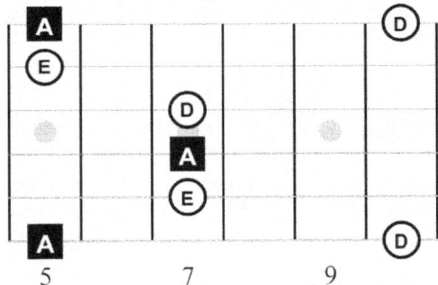

2º desenho sus4 de velocidade

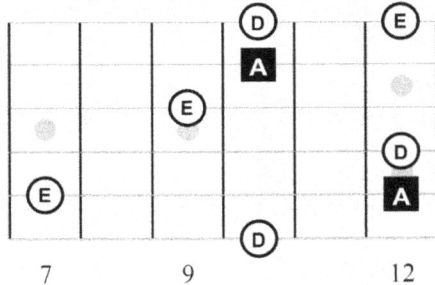

3º desenho sus4 de velocidade

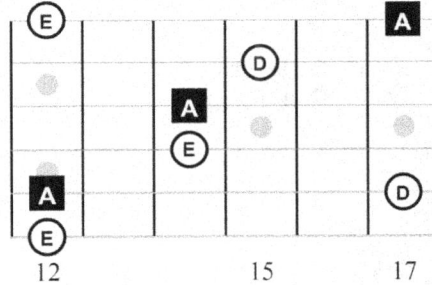

Alternativa ao desenho 2

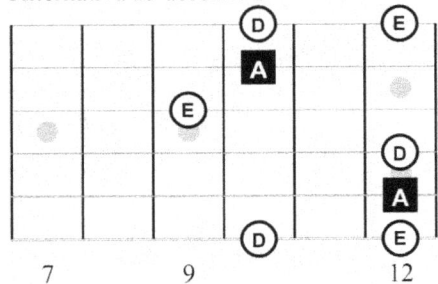

Exemplo 8s:

Tocar Asus2 usando os mesmos desenhos é apenas uma questão de começar com o segundo desenho a partir de uma tônica A e continuar os padrões em ordem ascendente. Uma vez que o Desenho de Velocidade 2 do Exemplo 8u exige um alongamento quando movido para baixo cinco casas, a segunda nota foi obtida a partir da corda E grave.

Exemplo 8t:

Desenho de velocidade

O último exemplo desta seção combina acordes maiores, aumentados, menores e suspensos em um único *lick* que irá testar a sua fluência e capacidade de mudar tríades e inversões enquanto toca.

Exemplo 8u:

Quando você conseguir tocar o exemplo acima, não há desculpa para não criar seu próprio material com base em qualquer progressão de acordes que você conhece ou pedir emprestado de composições existentes. Você tem os layouts. Está na hora de fazer música!

Definição de metas para a cobertura do braço da guitarra

Ao chegar ao final de um capítulo ambicioso como este, pode parecer uma tarefa árdua refinar toda a informação em uma rotina de treinamento.

Obviamente, pratique os exemplos do capítulo, escolhendo alguns de cada vez sem se sobrecarregar mentalmente dentro de uma única sessão de prática. Uma vez que você já tem à sua disposição os mecanismos necessários de palhetada sweep, a área de foco para este capítulo deve ser a memorização e a aplicação dos vários tipos e inversões de acordes.

Em seguida, certifique-se de que pode completar a lista de tarefas abaixo. Para quaisquer áreas em que você continue a lutar, consulte o texto e os exemplos relevantes e, em seguida, faça uma segunda ou terceira tentativa na lista.

CAGED

- _ Memorize e reproduza os cinco desenhos CAGED das tríades de A Maior, D Maior e E Maior.

- _ Toque uma tríade de A Maior, D Maior e E Maior em cada desenho CAGED antes de passar para o próximo.

- _ Crie seu próprio estudo usando duas tríades maiores e duas tríades menores a partir da tonalidade de A Maior.

Desenhos de Velocidade

- _ Memorize os três desenhos de velocidade das tríades maiores e menores, ou seja, seis padrões no total.

- _ Alterne entre tríades maiores e aumentadas em cada desenho de velocidade antes de passar para a próxima, ou seja, Desenho de velocidade 1 para maior e aumentada, Desenho de velocidade 2 para ambos, e assim por diante.

- _ Repita o passo anterior para as tríades menores e diminutas.

- _ Toque cada tríade diatônica a partir da tonalidade de A Maior usando o Desenho de velocidade 1: A Maior, B Menor, C# Menor, D Maior, E Maior, F# Menor, G# Diminuto.

- _ Alterne entre os acordes suspensos de segunda e quarta em cada desenho.

- _ Toque cada tipo de acorde da mesma tônica e, em seguida, tente o mesmo com cada inversão.

Composição

_ Crie seu próprio estudo usando os acordes A Maior, B Menor, Esus4, E Maior.

_ Crie seu próprio estudo usando os acordes F# Menor, F Aumentado, A Maior, B Maior.

_ Crie seu próprio estudo usando os acordes B Menor, G# Diminuto, G Maior, D Maior.

Capítulo Nove: Cobertura do Braço da Guitarra – Sétimas

As tríades são ótimas para delinear progressões e, em estilos como o rock neoclássico, são uma marca estilística do repertório da palhetada sweep. Ao contrário, no jazz e em particular no fusion, a simplicidade das tríades pode parecer um pouco comum, ou talvez uma oportunidade perdida para expandir as tonalidades.

Arpejar além das tríades é um dispositivo valioso para adicionar cor à improvisação modal, delineando as extensões superiores dos acordes básicos e aumentando a sua paleta de sons do sweep. Este capítulo se concentra na adição do grau VII acima das tríades discutidas no Capítulo Oito, usando desenhos CAGED e desenhos de velocidade. Com a adição de um tom de acorde vem um desenho de velocidade extra para acordes de sétima.

Os acordes cobertos nessa seção incluem o de sétima maior, de sétima dominante, de sétima menor, de sétima meio-diminuto, e de sétima diminuto. Aprofundar esses acordes na ordem prescrita fornece uma transição suave com apenas um tom de acorde mudando de cada vez.

Arpejos de Sétima Maior – 1, 3, 5, 7

Acordes de sétima maior ocorrem nos graus I e IV da harmonia da escala maior e contêm quatro notas, a última das quais é uma sétima maior acima da tônica, ou uma terça maior acima da quinta.

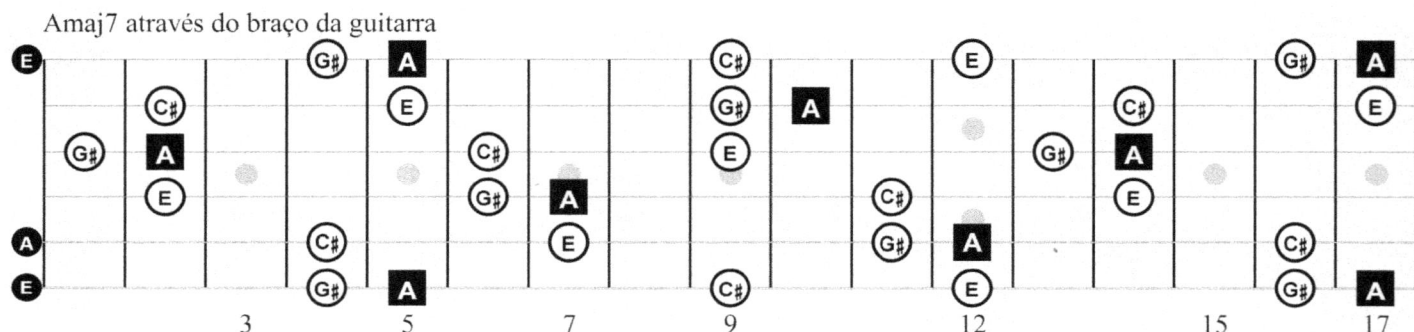

Amaj7 através do braço da guitarra

Nos padrões do CAGED, os obstáculos mais significativos para atingir a velocidade são a localização e a proximidade das notas E, G#, A e C# (na tonalidade de A). Estes conjuntos de notas podem necessitar de digitações que nem sempre são condescendentes com o fluxo e a agilidade, especialmente quando se depende de uma comutação rápida dos dedos três e quarto.

Amaj7 (Desenho de E)

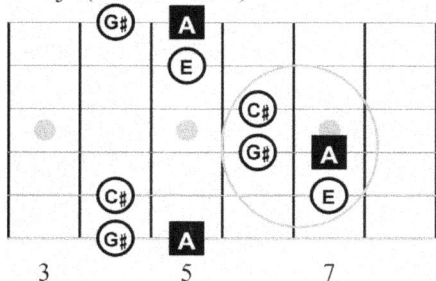

Amaj7 (Desenho de D)

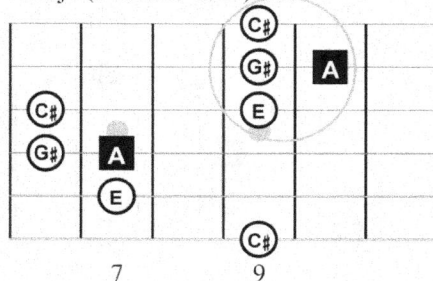

Amaj7 (Desenho de C)

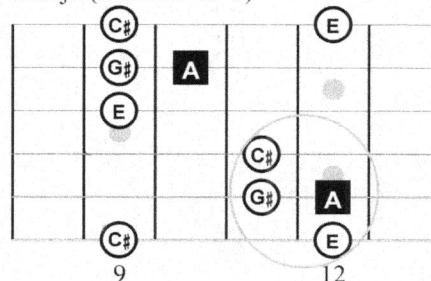

Amaj7 (Desenho de A)

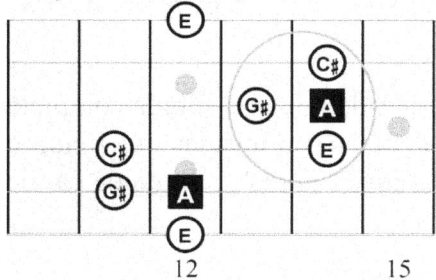

Amaj7 (Desenho de G)

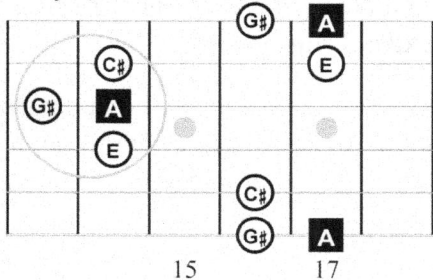

Desenhos de Velocidade para Sétima Maior

Com o objetivo de contornar os desafios técnicos descritos acima, diferentes porções dos desenhos CAGED podem ser hibridizados e otimizados para conforto e velocidade.

O Desenho de velocidade 1 de sétima maior usa a *posição da tônica* e é um híbrido das formas CAGED de E e D. Ele permanece em uma região do braço da guitarra, enquanto os três desenhos restantes contêm slides de posição da primeira ocorrência da sétima do acorde até a próxima tônica.

Os desenhos de velocidade 2, 3 e 4 começam na terça, quinta e sétima do acorde. O Desenho de velocidade 4 é o meu favorito e é, na minha experiência, o padrão mais rápido também, com ligados e slides posicionados de forma a criar um arpejo com um som "escorregadio".

1º desenho maior 7 de velocidade

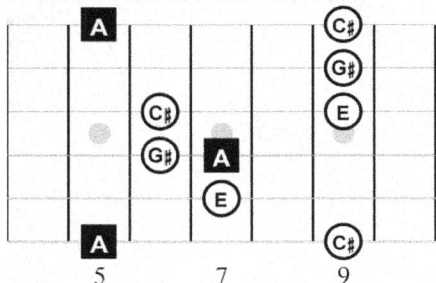

2º desenho maior 7 de velocidade

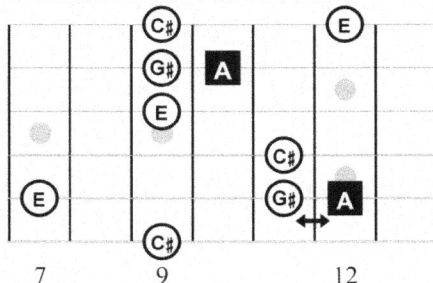

3º desenho maior 7 de velocidade

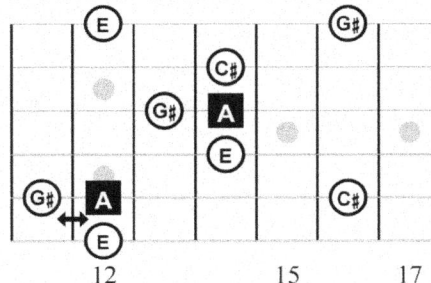

4° desenho maior 7 de velocidade

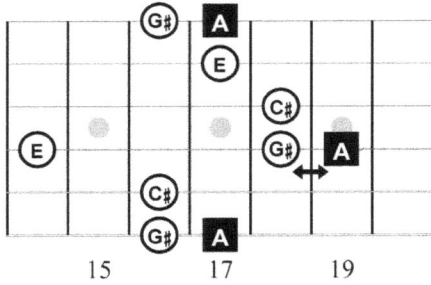

Alternativa ao desenho 1

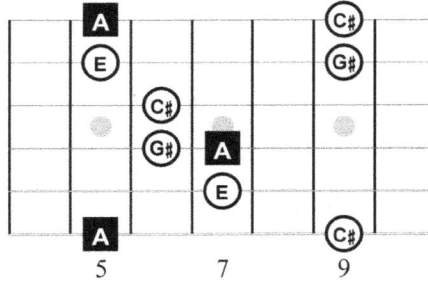

15   17   19

5   7   9

Alguns guitarristas preferem evitar o uso do quarto dedo para duas notas em sequência na posição natural, então uma alternativa foi fornecida. Tenha em mente que, como resultado, os requisitos de digitação mudarão de acordo com quanto do desenho você decidir usar.

O Exemplo 9a se move para cima e para baixo na primeira oitava do arpejo antes de iniciar a subida completa na terceira batida do compasso um. Nos compassos três e quatro, as mesmas notas são tocadas utilizando o padrão alternativo, exigindo digitações diferentes durante a quarta batida do compasso três e a segunda batida do compasso quatro.

Exemplo 9a:

Amaj7

O Desenho de velocidade 2 faz a ponte entre as formas D e C do CAGED. A inclusão de um *hammer-on* e de um slide com legato na corda A dá a este *lick* um começo corrido.

Para melhores resultados, evite colocar o dedo indicador como uma pestana através das cordas G, B e E aguda na casa 9. Em vez disso, faça um ligado com mudança de corda, entre as cordas G e B, na subida e vice-versa na descida, usando uma digitação separada do dedo indicador na corda E aguda.

Exemplo 9b:

Amaj7

Mais uma vez usando um slide de posição da primeira nota G# para a nota A acima dela, o Desenho de velocidade 3 funde as notas do desenho de A com o próximo desenho de G do sistema CAGED. Enquanto a nota G# na casa 11 da corda A poderia ser tocada na casa 16 da corda E grave, iniciar a versão escolhida com duas palhetadas para baixo dá um som de palhetada sweep mais autêntico.

Exemplo 9c:

Amaj7

A partir do diagrama do Desenho de velocidade 4, você pode ser perdoado por assumir que esta forma pode ser a mais difícil de navegar, mas é composta de duas formas distintas, fáceis de lembrar.

Para construí-lo, navegue pelas cinco primeiras notas que começam e terminam na sétima do acorde (G#). Com um slide na casa 19 da corda D, a segunda parte do padrão é digitada com um dedilhado 4-3-2-1 muito simples, com uma tônica A extra na casa 17 da corda E aguda.

Para alguma dinâmica extra, todas as notas na corda D podem ser palhetadas, mas para o efeito "escorregadio", palhete uma vez em qualquer direção e use a execução sugerida.

Exemplo 9d:

Arpejos de Sétima Dominante - 1, 3, 5, b7

Ocorrendo no grau V da harmonia da escala maior, harmônica menor e melódica menor, o acorde de sétima dominante tem uma grande qualidade com uma sétima menor ou diminuta. Em harmonia funcional, a sétima do acorde dominante muitas vezes resolverá um semitom abaixo para a terça do acorde tônico. Acordes dominantes também são extremamente populares em vamps modais.

Mapear o acorde dominante de sétima pode ser feito baixando a sétima nos exemplos de sétima maior em um semitom. Um acorde de sétima dominante com uma tônica A tem o símbolo A7.

A7 através do braço da guitarra

As localizações dos tons de acordes nos cinco padrões de escala CAGED produzem indiscutivelmente mais layouts de arpejos amigáveis do que no acorde de sétima maior. Mesmo a geometria um pouco torcida dos desenhos de D e A de um acorde A7 pode ser navegada com perfeição e digitação estratégica.

A7 (Desenho de E)

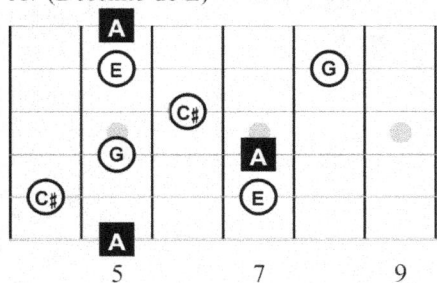

A7 (Desenho de D)

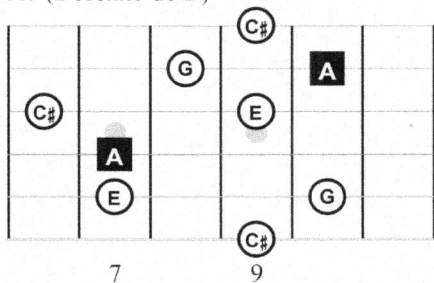

A7 (Desenho de C)

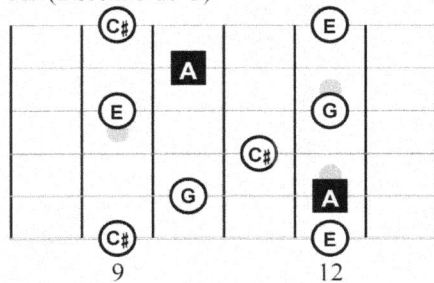

A7 (Desenho de A)

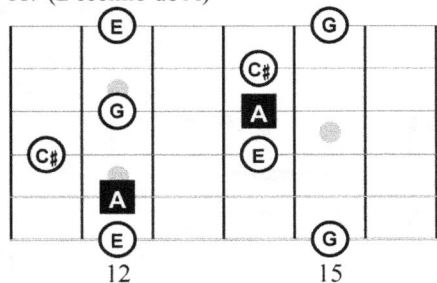

A7 (Desenho de G)

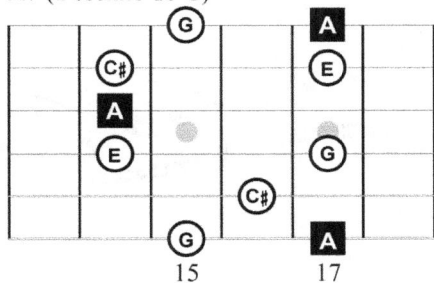

Os Exemplos 9e a 9i passam em cada um dos desenhos do CAGED de A7 usando minhas digitações sugeridas e palhetadas. Esteja avisado que as minhas digitações são feitas para velocidades moderadas a altas e podem, como tal, ser diferentes do que o seu professor de guitarra clássica lhe disse que era *o caminho certo*. Se encontrar uma maneira melhor de passar no teste de velocidade, fique à vontade!

Exemplo 9e:

Exemplo 9f:

Exemplo 9g:

Exemplo 9h:

Exemplo 9i:

Desenhos de velocidade para a sétima dominante

Os quatro desenhos de velocidade para arpejos de sétima dominante seguem o esquema de um padrão posicional e três padrões deslizantes.

Desenho de velocidade de 7ª dom. 1

Desenho de velocidade de 7ª dom. 2

Desenho de velocidade de 7ª dom. 3

Desenho de velocidade de 7ª dom. 4

O padrão de posição natural, que mais uma vez funde as formas E e D do sistema CAGED, é mais acessível do que sua contraparte sétima maior, uma vez que não requer qualquer ligado com troca de corda com o quarto dedo entre as cordas G e B.

Exemplo 9j:

O Desenho de velocidade 2 para A7 tem apenas uma diferença geométrica em relação ao desenho de C do sistema CAGED. Ao colocar a nota E mais grave do desenho na corda A em vez da corda E mais grave, o dedo indicador toma conta da nota em vez do quarto dedo. Divergindo do layout de Amaj7 correspondente, o b7 (G) dentro da oitava superior está na corda G em vez da corda B, mantendo a maior parte do desenho dentro de uma distância de três casas.

Exemplo 9k:

O Desenho de velocidade 3 ocupa a posição 12, além do slide de G a A na corda A que é realizado com o dedo indicador. Eu acho que você vai descobrir que isso produz uma opção de dedilhado mais limpo do que o equivalente CAGED no Exemplo 9h.

Exemplo 9l:

A diversão do ligado e slide do Desenho de velocidade 4 continua com arpejos de sétima dominante no Exemplo 9m. Mais uma vez, lembre-se de que, para uma textura extra, todas as notas na corda D podem ser tocadas *para baixo, para cima, para baixo* na subida e *para cima, para baixo, para cima,* na descida.

Exemplo 9m:

Arpejos Menores de Sétima – 1, b3, 5, b7

Encontrados nos graus II, III e VI da harmonia da escala maior, acordes menores de sétima consistem em intervalos de terça menor entre a tônica e a terça e entre a quinta e a sétima, além de intervalos de quinta justa entre a tônica e a quinta e entre a terça e a sétima. A primeira inversão do acorde menor de sétima consiste nas mesmas notas que um acorde de sexta. Por exemplo, um acorde Am7 (A, C, E, G) contém as mesmas notas que um acorde C6 (C, E, G, A).

Am7 através do braço da guitarra

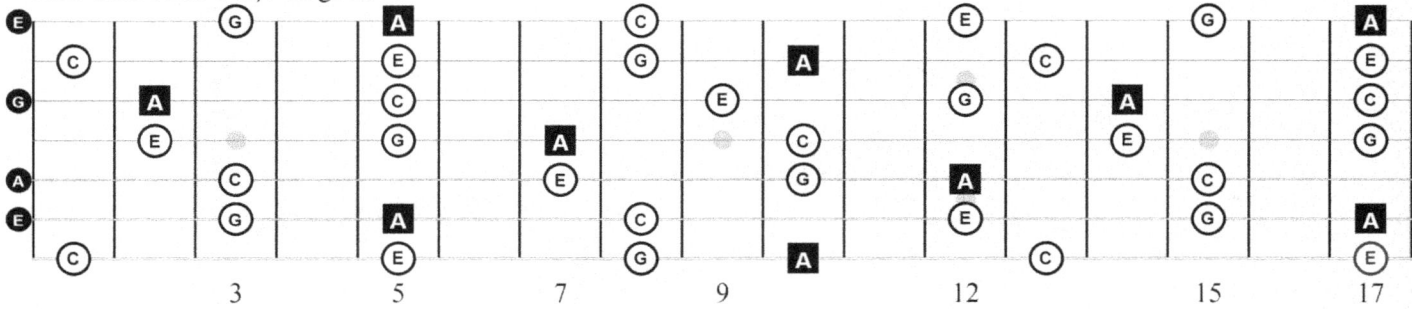

Arpejos menores de sétima têm apenas uma nota a menos que uma escala pentatônica menor, por isso há todas as hipóteses de achar os desenhos menores de sétima do CAGED familiares se você já memorizou as cinco "caixas" pentatônicas.

Combinar cada nota com o seu dedo lógico num espaço de quatro casas é simples para os desenhos de E e A do CAGED. Para as três configurações restantes, o uso mínimo do dedo indicador não é particularmente indicativo de como a maioria de nós toca na improvisação. Por essa razão, os Exemplos 9n, 9o e 9p oferecem digitações alternativas que funcionam para mim, juntamente com o meu raciocínio para cada desvio da norma.

Am7 (Desenho de E)

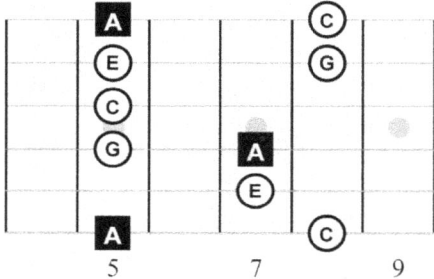

Am7 (Desenho de D)

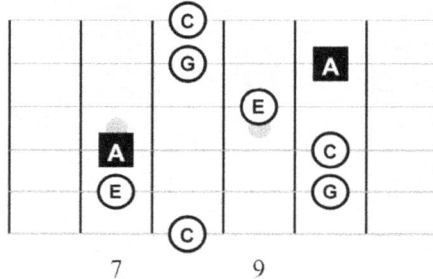

Am7 (Desenho de C)

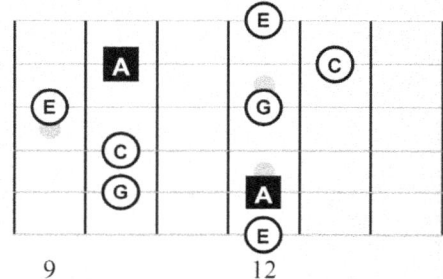

Am7b5 (Desenho de A)

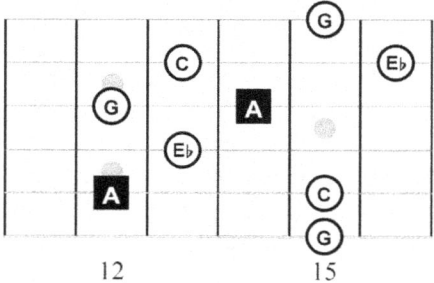

Am7b5 (Desenho de G)

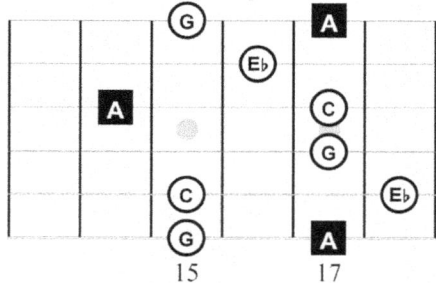

Para o arpejo de Am7 em forma de D do Exemplo 9o, remover a dependência dos dedos dois e quatro nas cordas B e E agudas alinha a oitava superior com a forma como um arpejo C6 isolado seria tocado a partir da nota C da corda D até a nota C da corda E aguda.

Exemplo 9n:

O desenho de C de Am7 pode ser visto como três pares de cordas, executados com o dedo mais lógico para cada unidade de duas cordas.

Exemplo 9o:

Para o desenho de G de um acorde Am7, eu acho que digitar as notas G em ambas as cordas E com o dedo indicador, em vez do segundo dedo, pode acelerar as coisas, especialmente no processo de executar repetições. Ao usar este padrão em uma oitava mais alta ou tonalidade como este exemplo, o terceiro dedo também pode substituir o quarto dedo do início ao fim para evitar digitações apertadas.

Exemplo 9p:

Desenhos de Velocidade para Menores de Sétima

Com o trabalho que você já completou sobre os desenhos de velocidade dos arpejos de sétima maior e de sétima dominante, você deve agora estar bastante familiarizado com a mecânica da mão da palheta dos quatro padrões, permitindo o foco nas modificações da mão que digita as notas para cada novo acorde que vem na sequência.

Os desenhos de velocidade de acordes menores de sétima diminuem a terça de cada desenho de sétima dominante usada anteriormente.

1º desenho menor 7 de velocidade

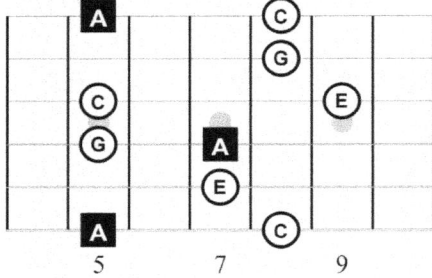

2º desenho menor 7 de velocidade

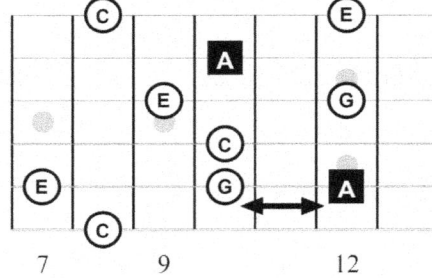

3º desenho menor 7 de velocidade

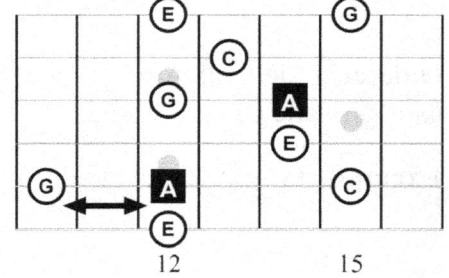

4º desenho menor 7 de velocidade

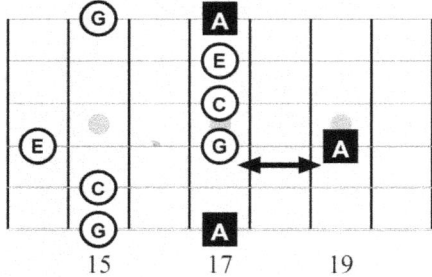

Para as minhas sugestões de digitação, estude os Exemplos 9q a 9t.

Exemplo 9q:

Exemplo 9r:

Exemplo 9s:

Exemplo 9t:

Arpejos meio-diminutos – 1, b3, b5, b7

O acorde menor com sétima (quinta diminuta) ou acorde meio-diminuto ocorre na escala maior harmonizada (VII), na escala menor harmônica (VII) e na escala menor melódica (VI e VII). Este acorde difere de um acorde menor com sétima por meio de sua quinta diminuta e é distinto de um acorde de sétima diminuta por seu b7 (em vez do bb7 da sétima diminuta).

Apesar de não serem utilizados tão frequentemente como os arpejos maiores, dominantes e menores com sétima, estes desenhos do CAGED de Am7b5 são fáceis de usar tanto no layout como na mecânica de palhetada.

Am7b5 (Desenho de E)

Am7b5 (Desenho de D)

Am7b5 (Desenho de C)

Am7b5 (Desenho de A)

Am7b5 (Desenho de G)

Se qualquer uma das formas de Am7b5 lhe dá a sensação de que os elementos das tríades de C Menor e A Menor estão sendo combinados, é porque o Am7b5 contém as mesmas notas que o C Menor 6 (Cm6).

O Exemplo 9u combina os desenhos menores de sétima e quinta diminuta do CAGED em um único exercício, alternando entre ascendente e descendente.

Exemplo 9u:

Desenhos de Velocidade para Meio-Diminuto

Algumas coisas interessantes tornam-se aparentes ao alterar os desenhos de velocidade menores da sétima para se adaptarem a arpejos meio-diminutos.

1º desenho menor 7b5 de velocidade

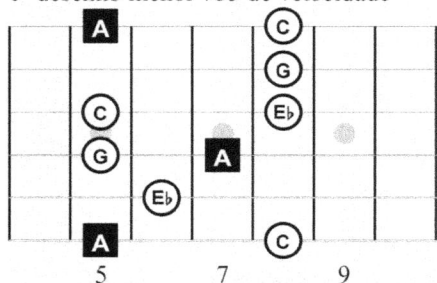

2º desenho menor 7b5 de velocidade

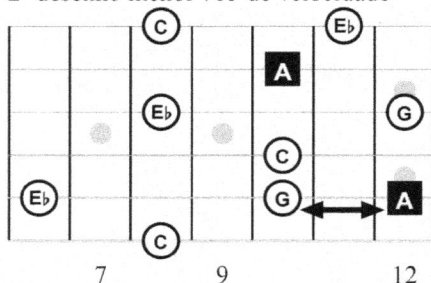

3º desenho menor 7b5 de velocidade

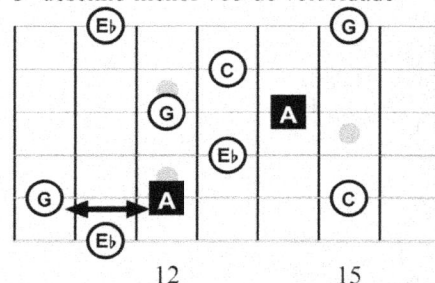

4º desenho menor 7b5 de velocidade

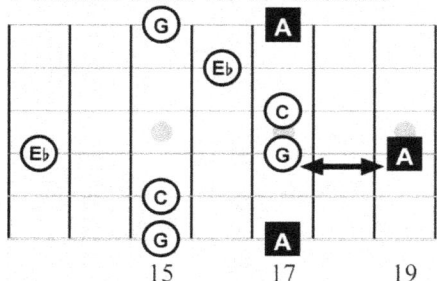

Alternativa ao desenho 4

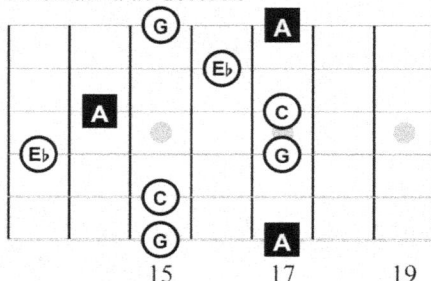

Primeiro, o Desenho de Velocidade 1 gera exatamente o mesmo desenho que o sistema CAGED, então você já tem uma forma pronta para começar.

Em segundo lugar, o Desenho de velocidade 4 pode ser uma opção menos viável para este tipo de acorde, dependendo da tonalidade, devido a todo o trecho de um tom entre os dedos 3 e 4 se movendo da corda D para a corda G.

Para contornar qualquer desconforto, uma forma alternativa foi fornecida como outra opção. Esta variação funciona em qualquer posição e é um padrão muito amigável à velocidade.

Exemplo 9v:

Isso deixa dois padrões para explorar. Ambas as formas restantes se adaptam bem à redução da quinta dos desenhos de velocidade menores de sétima. As alterações de digitação descritas no Exemplo 9w têm pouco efeito sobre a velocidade e o fluxo destas inversões.

Exemplo 9w:

Arpejos Diminutos de Sétima - 1, b3, b5, bb7

Como abordado no meu livro *Guitarra Neoclássica: Estratégias e Velocidade*, os arpejos diminutos de sétima são formados pelo empilhamento de pequenos intervalos consecutivos de terça menor. Há também dois intervalos de quinta diminuta entre a tônica e a quinta, e entre a terça e a sétima do acorde.

Por causa dos intervalos repetidos de terça menor, cada inversão do acorde diminuto de sétima é um acorde novo em si mesmo. Geometricamente, isso mantém as coisas muito simples uma vez que podemos escolher as nossas formas favoritas e movê-las para cima e para baixo em múltiplos de três casas para cobrir o braço da guitarra. Mesmo quando se olha para todos os intervalos diminutos de sétima no braço da guitarra, é fácil visualizar as repetições de qualquer padrão.

Adim7 através do braço da guitarra

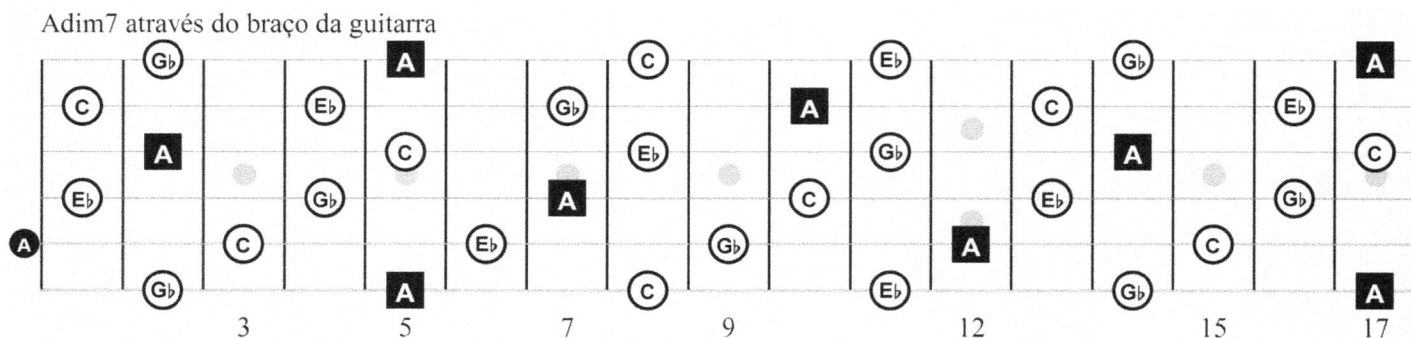

Usando o layout dos padrões de posição natural anteriores, um arpejo diminuto de sétima como o seguinte pode ser movido para cima e para baixo de acordo com o espaçamento de terça menor através do braço da guitarra.

Adim7 (Desenho de E)

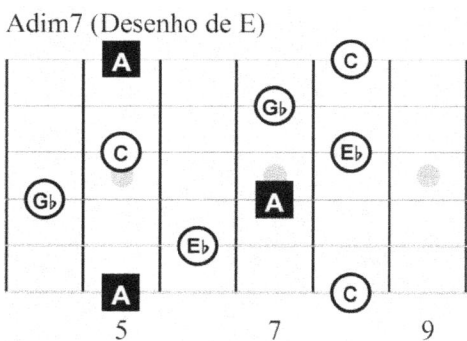

Devido aos atributos de inversão de acordes diminutos de sétima, os exemplos de Adim7 neste capítulo podem ser usados em conjunto com as escalas Bb Harmônica Menor, Db Harmônica Menor, E Harmônica Menor e G Harmônica Menor como um substituto para o acorde V em qualquer uma dessas tonalidades.

Outras opções se valem de alguma exploração do braço da guitarra, e uma vez que os tons de acordes são tão uniformemente espalhados pelo braço, mover-se entre duas notas específicas pode ser como um livro onde você escolhe a sua própria aventura.

O Exemplo 9x demonstra apenas três maneiras de se mover entre a nota A na casa 5 da corda E grave e a nota C na casa 8 da corda E aguda.

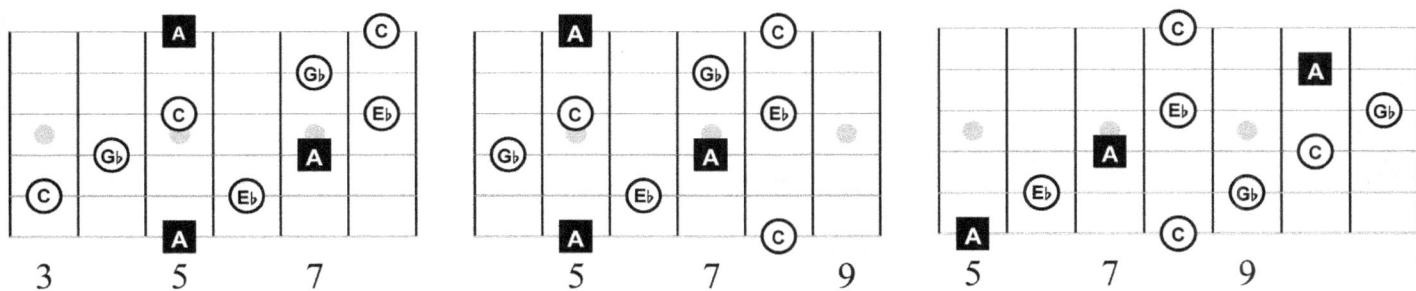

Exemplo 9x:

Depois de ter decidido qual é o seu padrão favorito, o movimento através das inversões é feito deslocando-se para cima e para baixo em saltos de terça menor. O Exemplo 9y demonstra estes saltos usando vários números de cordas dentro da mesma forma móvel.

Exemplo 9y:

Como praticar o Capítulo Nove

Apesar da visão geral baseada no CAGED de cada tipo de acorde, o objetivo deste capítulo foi armá-lo com desenhos de velocidade que têm mais semelhanças do que diferenças. A ordem dos arpejos apresentados foi bastante deliberada na maneira que cada tipo de acorde difere do anterior, e do posterior, em uma nota.

Para aproveitar ao máximo a abordagem passo a passo da modulação de arpejos maiores de sétima até arpejos diminutos, sugiro que sua prática consista em dois estágios iniciais para este material.

1. Pratique cada arpejo com os seus quatro desenhos de velocidade.

2. Pratique cada desenho de velocidade usando cada tipo de acorde antes de passar para o próximo desenho.

Depois de ter memorizado estes desenhos e desenvolvido a facilidade de alterar os tipos e inversões de acordes à vontade, a aplicação deve progredir através dos estudos do Capítulo 10.

Capítulo 10: Estudos com Arpejos de Sétima

Este capítulo apresenta seis estudos que exploram arpejos de sétima, cada um com um objetivo e estilo ligeiramente diferentes. Nos áudios que os acompanham, cada estudo é reproduzido a toda a velocidade com a faixa de apoio e, em seguida, a uma velocidade mais lenta e desacompanhada.

O primeiro estudo tem um estilo de rock progressivo e é projetado para ajudá-lo a comparar diferentes arpejos da mesma tônica com a modulação de Gmaj7 para Gm7 e novamente de Fmaj7 para Fm7.

Exemplo 10a:

107

O Exemplo 10b tem compasso 12/8 e é escrito no estilo de roqueiros neoclássicos como Vinnie Moore. Usando uma progressão de acordes móveis, diatônico para B Menor, este estudo usa a mesma sequência de acordes duas vezes, mas com inversões diferentes para os arpejos Gmaj7, Em7 e Bm7 de cada vez. O arpejo C#dim7 no compasso quatro usa um deslocamento de posição ascendente, mas é contrastado no compasso oito com um padrão descendente que vai até a corda E grave.

Exemplo 10b:

Escrito no estilo country e composto apenas de acordes de sétima dominante, o terceiro estudo neste capítulo fará você trocar arpejos dentro de um espaço menor no braço da guitarra. Primariamente ocupando as posições 4 e 5, os acordes se movem através de uma progressão I, IV, V para os seis primeiros compassos. Os compassos sete e oito apresentam uma virada, e é somente neste ponto que o estudo se move para diferentes posições do braço da guitarra.

Em antecipação à primeira mudança de acorde de A7 para D7, a última nota do compasso dois é uma nota de C natural. Isso não só torna a digitação mais fácil para o dedo indicador através da mudança, como também permite uma modulação suave entre as tonalidades dos dois acordes.

Exemplo 10c:

O Exemplo 10d utiliza os segundos desenhos de velocidade de Am7 e C7, o quarto desenho de velocidade de Fmaj7 e o terceiro desenho de velocidade de Fm7. Apesar da mudança das formas de digitação, o estudo usa a mesma sequência melódica para descer e subir dentro de cada arpejo, quebrando no início do quarto compasso para permitir uma breve pausa antes da repetição. Alguns tons comuns conectam os arpejos, com todos os quatro acordes contendo uma nota C, e três dos acordes contendo um E (que se torna Eb no compasso quatro).

Exemplo 10d:

Introduzir síncope para fazer palhetada sweep faz com que nós nos libertemos da noção de que o sweep precisa ser uma barragem de notas. Os descansos podem dar a sensação de um fraseado inteligente dentro das suas linhas. O próximo estudo em B Menor tem um estilo funk-fusion com um pouco de influência latina, e descansa em cada compasso.

Onde os descansos ocorrem, você deve procurar o silêncio nesses espaços em vez de deixar que as notas anteriores pairem sobre eles. Para pontuar as pausas, tente adicionar um pouco mais de força à nota palhetada anteriormente em cada instância.

Exemplo 10e:

O estudo final tem uma estilo de rock progressivo e compasso 5/4. Usando os acordes III e IV da tonalidade de F Maior, este exemplo usa todos os quatro desenhos de velocidade para cada arpejo. No primeiro compasso, o Desenho de velocidade 4 de Am7 liga-se ao primeiro padrão na corda E aguda na metade da terceira batida. Na base do último padrão, ocorre uma mudança de posição para cima até o Desenho de velocidade 2 na corda E grave. Esta abordagem em zigue-zague acontece mais uma vez para o Desenho de velocidade de Am7 final na terceira batida do compasso dois antes que toda a sequência se repita dentro das inversões do acorde Bbmaj7 nos compassos três e quatro.

Observe as sugestões de digitações alteradas para as transições de inversão nos compassos um e três.

Exemplo 10f:

(Speed Shape Two)   (Speed Shape Three)

Objetivos de prática de longo prazo

Em vez de repetir os pontos essenciais da prática que foram citados nos capítulos anteriores, esta seção de *Como Praticar* contém uma lista de verificação de *atributos essenciais* para o seu desempenho dos exemplos fornecidos. Você fará música de verdade com a palhetada sweep agora, então é importante mirar alto, ser altamente consciente de si mesmo e honesto sobre quaisquer fraquezas.

Ao executar os estudos deste capítulo, e de fato todos os exercícios e estudos do livro, você pode:

_   Subir e descer com igual facilidade?

_   Tocar no tempo ao combinar notas palhetadas e em legato?

_   Controlar as cordas em uso enquanto as outras são silenciadas?

_   Mudar de posição sem afetar o tempo?

_   Aplicar efeitos dinâmicos como acentuação de palhetada e notas abafadas à vontade?

_   Reproduzir exemplos a um tempo constante com um metrônomo ou batida de bateria?

_   Encontrar e gravar seu melhor tempo limpo para futuras comparações?

Se você respondeu: *"Totalmente, Chris. O que mais tem para mim?"* então você está se tornando o guitarrista que usa palhetada sweep que eu sei que você pode ser! Se não, continue trabalhando. Você vai chegar lá. Ao concentrar a sua prática você tem um indicador para avaliar o seu progresso. Verifique a lista acima de vez em quando para lembrar-se dos objetivos do seu trabalho.

Conclusão do Livro Um

Como deve ter percebido nos meus livros, acredito muito em estratégia. Definido no dicionário Oxford como *um plano de ação concebido para atingir um objetivo a longo prazo ou global*, quase não importa qual é a sua abordagem, desde que você tenha uma e ela lhe sirva. Estratégia é o que lhe dá propósito. É o plano que entra em ação quando precisamos dele.

Além das informações biomecânicas, musicais, geométricas e teóricas apresentadas neste livro, minha maior esperança para o *Palhetada Sweep – Estratégias e Velocidade* é que ele lhe dê a confiança de segmentar qualquer aspecto da performance da guitarra de uma forma orientada a soluções.

Quais são as minhas opções?

Qual delas funciona melhor para mim?

Como posso pegar a solução ideal e usá-la para criar uma centena de novas ideias?

Estas são as perguntas que quero que faça a si mesmo, com qualquer conceito.

Embora seja importante para mim, como educador, que o material deste livro ressoe com você e inspire seus sistemas de execução de arpejos, também não há problema em discordar de mim! Você prefere palhetar notas que indiquei *hammer-ons*? Você deseja usar a palhetada por fora onde eu optei fazer por dentro? Examine o raciocínio e ponha-o em prática. Se funciona melhor para você, então é o caminho certo.

Por mais cuidadosamente que você se alinhe ou divirja das estratégias deste livro, a chave é saber o que você gosta, por que você prefere, e ser consistente em sua aplicação. Desta forma, *o seu* sistema surge, servindo os seus objetivos e personalizando uma abordagem bem ponderada para sua forma de tocar.

Foi um prazer absoluto apresentar este material para vocês, e espero que se juntem a mim para a continuação deste assunto no próximo volume!

O que esperar do Livro Dois

O próximo livro de estratégias de velocidade para arpejos irá aventurar-se em acordes estendidos e como usá-los para implicar uma harmonia mais intrincada. Você também será guiado por meio da integração perfeita de escalas e arpejos, sequenciamento, técnicas adicionais além da palhetada sweep e personalização do vocabulário de arpejos.

Haverá uma abundância de trabalho prático para aplicar à música real, por isso estou ansioso por partilhar esse conteúdo com você!

Chris Brooks

Sobre o Autor

Chris Brooks é um guitarrista, educador e músico de estúdio que vive em Sydney, Austrália. Ele sempre teve muito interesse na guitarra virtuosa dos anos 1980.

Ex-aluno do Instituto Australiano de Música, Brooks demonstrou interesse pela guitarra, observando os estilos de Kee Marcello, Brett Garsed, Vinnie Moore, Steve Vai e Yngwie Malmsteen. As sessões de prática obrigatórias de oito horas foram alimentadas pelo material de aula dos vídeos Hot Licks e REH enquanto Brooks seguia a trajetória de fazer sua própria música na guitarra e conteúdo educacional.

Lançando dois álbuns solo, The Master Plan de 2002 e The Axis of All Things de 2011, Chris foi aclamado pela mídia impressa e online em todo o mundo, incluindo no Japão, onde o Master Plan foi incluído na revista Young Guitar, 500 Essential Guitar Albums. Na Austrália, a revista Australian Guitar colocou-o em primeiro lugar em um ranking de guitarristas underground.

Brooks também gravou com o ex-vocalista de Yngwie Malmsteen, Mark Boals, com a banda australiana de metal melódico LORD, fez turnê com a banda Feeding the Addiction, e apareceu em álbuns de compilação para selos como Frontiers (Europa), Marquee Inc. (Japão) e Liquid Note Records (Reino Unido).

Como fundador da guitarlickstore.com, Brooks criou cursos de guitarra populares incluindo Sweep Picking Systems for Arpeggios, Picking Systems for Pentatonic, e o seu mais popular até hoje - The Yng Way, no qual este livro foi baseado. Com quase duas horas de vídeo, faixas de apoio, tablaturas em PDF e partituras, The Yng Way já vendeu mais de 500 unidades e tem sido apontado por muitos como uma fonte importante na técnica de Yngwie Malmsteen.

Com um olho aguçado para os detalhes do que faz as coisas funcionarem na guitarra, Brooks está trabalhando para um grande corpo de recursos educacionais e de produção musical.

Outros Livros da Fundamental Changes

100 Licks Clássicos de Rock Para Guitarra

Além da Guitarra Rítmica – Licks & Riffs

Técnica Completa de Guitarra Moderna

Solando Com Pentatônicas Exóticas

Primeiras Progressões de Acordes Para Guitarra

Dominando a Guitarra Funk

Acordes de Guitarra Contextualizados

Fluência no Braço da Guitarra

Escalas de Guitarra Contextualizadas

Guitarra Solo Heavy Metal

Guitarra Base Heavy Metal

Guitarra Metal Progressivo

Guitarra Rock CAGED

Guitarra Base no Rock

O Ciclo das Quintas Para Guitarristas

Método Completo de Violão DADGAD

O Guia Completo para Tocar Blues na Guitarra: Livro Um – Guitarra Base

O Guia Completo para Tocar Blues na Guitarra: Livro Três – Além das Pentatônicas

O Guia Completo para Tocar Blues na Guitarra – Compilação

Primeiros 100 Acordes Para Guitarra e Violão

Guia Prático De Teoria Musical Moderna Para Guitarristas

Guitarra Neoclássica: Estratégias e Velocidade